DAYUE 大岳丛书之六

INVESTMENT AND FINANCING PLAN

投融资规划

架起城市规划与建设的桥梁

李伟/陈民 等编著

中国统计出版社
China Statistics Press

（京）新登字 041 号

图书在版编目(CIP)数据

投融资规划/李伟、陈民等编著. —北京：中国统计出版社，
2009.1
ISBN 978－7－5037－5626－9

Ⅰ. 投… Ⅱ. 李… Ⅲ. ①城市建设—投资—研究—中国
②城市建设—融资—研究—中国　Ⅳ.F299.23

中国版本图书馆 CIP 数据核字(2008)第 212372 号

投融资规划——架起城市规划与建设的桥梁

作　　者/李伟　陈民等编著
责任编辑/徐涛　秦冉
装帧设计/艺编广告·杨超
出版发行/中国统计出版社
通信地址/北京市西城区月坛南街 57 号　邮政编码/100826
办公地址/北京市丰台区西三环南路甲 6 号　邮政编码/100073
网　　址/www.stats.gov.cn/tjshujia
电　　话/邮购(010)63376907　书店(010)68783172
印　　刷/河北天普润印刷厂
经　　销/新华书店
开　　本/787×1092mm　1/16
字　　数/177 千字
印　　张/16.5
印　　数/6001－11000
版　　别/2009 年 3 月第 1 版
版　　次/2011 年 2 月第 2 次印刷
书　　号/ISBN 978－7－5037－5626－9/F·2809
定　　价/48.00 元

《投融资规划》
编 委 会

主　　编：李　伟

副 主 编：陈　民

编写人员：毕志清　　蔡建升　　刘玲新　　徐志刚

　　　　　彭　松　　姜卫东　　马佳奇　　韩姗姗

　　　　　王　斌　　赵　启　　徐　亮　　常庆海

　　　　　秦　舟　　梁红雨　　侯　明　　史小辉

　　　　　杨海霞　　朱亚琼

责任编辑：徐　涛　秦　舟

装帧设计：艺编广告·杨　超

关于系统工程与科学发展观落实的问题

《投融资规划》代序

李伟同志要我为他的新书《投融资规划》作序，深感难以应命。一来李伟虽是我的学生，但从事的是实践工作，与我现在的研究方向差别比较大，不一定能把握他所从事工作的精髓；二是城市开发建设本身虽然是个系统工程，但是复杂性很高，自身的专业知识和技能比较多，作为系统工程的理论工作者，很难针对本书中提出的一些具体问题形成针对性的观点。不过，看到自己的学生能够将其所学深入地应用到实践工作之中，并取得突出的成果，我还是颇感欣喜。因此，在这里围绕系统工程的发展与科学发展观落实问题谈点个人的看法，作为本书的代序。

适逢钱学森先生等在《文汇报》上发表"组织管理的技术——系统工程"一文已三十年，中国系统工程学会诞生也有 28 周年了，学界也在对此进行系统的总结和反思，总结系统工程的理论和实践的价值，反思推动系统工程发展过程中存在的问题，这是有利于学科发展和社会进步的。

系统工程在工程技术领域发挥了巨大的作用，这是毋庸置疑的，包括神六、神七的上天，三峡工程的建设等，都有系统工程工作者的重大贡献。在系统工程发展过程中，理论和实践界总结出一套行之有效的方法论体系，总体设计部是其中的核心之一。

在现实世界中，我们经常看到这样的现象，凡遇上复杂的问题，就说这是一个复杂的系统工程问题，要系统性地解决，但是具体怎么解决就没有后文了。作为学者，我们听到这样的说法，看到这种情况，既为系统工程得到大家的普遍接受感到高兴，同时更大程度上是一种担心。

出现这些状况，至少说明系统工程在应用领域的推广还不够，特别是在社会系统和管理系统，我们这些系统工程工作者也有着不可推卸的责任。理论工作者缺乏实践积累，实践工作者缺乏理论上的提升，理论和实践结合型人才普遍匮乏。鉴于此，我感觉到李伟及所在的北京大岳咨询公司的工作是非常有意义的，他们把系统工程的理论和方法用于城市开发建设的实际，并在工作中进行不断的积累，提出了自己的方法论——投融资规划，这是值得重视的。我们国家一直在强调管理的创新，没有理论和实践的结合，哪来的管理创新？这种来源于实践的理论创新才是有意义的。

理论和实践的结合有两个方向，一种是自上而下的，另一种是自下而上的。李伟是系统工程的科班出身，由于长年从事实践工作，具体工作把握得比较到位，理论提升工作做得还不够。最近两年来，李伟经常参加系统工程理论研讨会，主动把系统工程的理论应用于城市开发建设的实际，提出了投融资规划的方法，填补了城市规划和城市建设中间的方法论空白，是城市开发管理工作的创新，系统工程学会多次组织专家对其进行了论证，得到专家们的高度好评。这种自下而上提出的理论成果具有坚实的基础，在实践中更具指导意义。从书中的案例可以看出，此方法提出几年来，得到社会各界的广泛关注，在多个城市中得到应用。

　　中央提出的科学发展观已经成为全社会的共识。科学发展观的根本方法是统筹兼顾,站在中央的层面,把统筹兼顾作为一般性的方法论提出是非常有价值的。我们也看到,很多地方政府在具体工作中,也谈科学发展观,也谈统筹兼顾,但如何统筹兼顾,则缺乏系统化的方法。李伟领导自己的团队,运用系统工程的方法,把统筹兼顾这个理念在城市科学发展实践中进行了一些有益的探索,提出运用总体设计部这一系统工程的核心思想和投融资规划的方法,来解决城市科学发展中的全面统筹问题,这应该说是一种创举。

　　胡锦涛总书记和温家宝总理多次提出落实科学发展观是系统工程,希望系统工程界为科学发展观的落地做出自己的贡献。我们正在全面总结运用系统工程的方法进行科学发展观实践的案例,李伟总结的案例是其中比较优秀的。他的论文《通过投融资规划优化城镇开发流程》以及《城市开发演进管理的决策支持方法》连续两次被我会授予优秀论文。

　　城市发展和管理需要方法论的创新,作为系统工程学会的理事长,我们衷心希望社会各界能够自觉运用系统工程的理论与方法,结合自身工作的实践,创造性地解决城市建设和发展中的各种问题。

中国系统工程学会理事长　陈光亚

2008 年 12 月 6 日

为落实科学发展观做点实事

《投融资规划》代序

我的同事李伟和陈民找我，希望将近七八年发表的有关新城和开发区建设以及土地一级开发方面的文章编辑整理出版一本书，书名叫《投融资规划》。我关心两个问题，一是出书是否会泄漏公司机秘，二是时机是否成熟。我感觉他们出版这本书是有意义的，是实实在在地为实践科学发展观做了点实事。

投融资规划概念是从实践中产生的。李伟总监和陈民总监带领大岳咨询公司研究小组在多个城市做过很多成功的项目，也协助过几个城市政府解决了不成功项目的争议，他们还对国内很多案例进行过调查和研究。为什么有的项目成功，而有的项目失败呢？他们研究后发现，有些城市新城和开发区建设的流程存在瑕疵，存在规划与建设脱节、规划建设与市场脱节的问题，往往是搞规划的人和搞建设的人都未深入研究市场问题和资金问题。大岳研究小组在研究解决方案后提出在规划和建设两个环节之间增加一个环节，叫做投融资规划。通过投融资规划研究投入产出的资金平衡、区域内各种设施的融资模式并评估规划和建设的财务可行性。

投融资规划可以提高新城和开发区建设的效率。大岳研究小组对国内二十几个城市的新城和开发区建设项目进行了调查，发现由于一些低级问题造成的损失或浪费在100亿以上。我们国家有六百多个城市,都在高速发展过程之中,减少损失和浪费、少走弯路是一个重大课题。做好投融资规划,用投融资规划成果指导新城和开发区建设可以大大减少工作的盲目性,推动新城和开发区建设的科学快速发展。用好投融资规划不仅可以提高城市的竞争力,甚至可以提高整个国家的竞争实力。

投融资规划有助于推动科学发展观的落实。一直以来,科学发展观对很多人来讲只是一句口号。当我审阅同事的一些文章时,才体会到了他们是在用行动实践着科学发展观,科学发展观从此也就不再是口号了。科学发展观是国家战略,每一个公司和个人能做的事都是有限的,大岳研究小组提出投融资规划是希望为国家战略的实施尽绵薄之力。近几年来,一些和大岳一起推动投融资规划工作的政府领导得到了提拔,有的已经成为了省级领导,这些已经转变观念的领导走上领导岗位让我们看到了用投融资规划促进科学发展大有希望。

投融资规划理论需要进一步完善。李伟和陈民等人已经发表的文章主要是对大岳咨询公司项目经验的总结和思考。新城和开发区建设遇到的问题是复杂多样的,投融资规划理论的完善需要吸收更多的营养。中国系统工程学会陈光亚理事长参加过几次大岳项目的论证工作,高度评价了大岳提出投融资规划方法的社会价值。我们相信,有中国最高学术权威与我们共同努力,投融资规划理论水平一定会得到提高,理论与实践有机且密切的结合将会在中国经济和社会发展史上树起一块新的丰碑。

投融资规划工作需要前期投入。李伟和陈民等人提出的投融资规划所涉及的主要内容在以前的项目中是存在的,只是在工作中处理问题的方法不系统、不深入，也不受重视。做好投融资规划工作并不是一件容易的事，需要政府冲破"拍脑袋"的传统做法，为这项工作付出一定的成本和代价。投融资规划也是一项专业性很强的工作，一个好的投融资规划至少要较多地吸收国内其它城市的成功经验、避免其它城市的失败做法，在政府内部资源有限的情况下，借助外脑应当是一种不错的选择。

大岳咨询公司总经理　金永祥

2009 年 1 月 1 日

前　言

　　投融资规划是解决城市开发统筹问题的方法论,是我和我的团队在城市开发咨询工作过程中提出来的,我们还为其开发了系列的模型和工具,并在很多领域得到了很好的应用和推广。

　　提出投融资规划的方法,目的是解决城市规划的落地问题。早在 1999 年,大岳咨询有限责任公司(下称"大岳")受北京市开发办的委托,进行北京市西红门经济适用房项目的招商引资工作,取得了极大的成功,这为我们在城市开发投融资方面积累了宝贵的经验。2001 年,我们开始协助北京市丰台区政府运作北京国际汽车博览中心项目,这一项目的前期策划工作取得了良好的效果,为我们进行多类型项目综合开发咨询积累了经验。2003 年,我们接手了问题丛生的北京高教园区项目,在科学分析的基础上,通过理顺建设管理模式、划清政府和市场的界限等措施,在短时间内重新启动了停滞三年的项目,为政府解决了棘手的难题,同时带来了巨大的社会效益和经济效益。正反两方面的经验迫使我们去思考:西红门项目成功的关键因素是什么? 高教园区项目前期何以停滞不前? 为了解答这些问题,我们开始了艰难的求索之旅。

　　经过分析,我们发现西红门项目的成功,关键在于项目伊始就有清晰的盈利模式,开发商的权责是清晰的,政府享有的权利和承担的义务也是明确的。北京市高教园区前期的失败在于政府和开发商的

II

权责是一笔糊涂帐，园区如何开发缺少统筹。我们又研究了很多开发区和新城开发的案例，发现了一个重要的现象，那就是在城市规划和城市建设之间往往缺少一个统筹的环节，这成为了制约城市发展的一个十分重要的因素。这个问题的提出，得到理论界和社会的普遍认同。我们在整合学术界理论成果和大岳在基础设施投融资方面经验的基础上，创造性地提出了投融资规划方法，用以破解城市规划落实难的问题，并完成了方法论的初步设计。

北京市房山区是投融资规划的第一个试点单位。受北京市房山区吴会杰区长的委托，我们为长阳镇中心区编制了第一个投融资规划方案。方案完成后，受到北京市规划局的重视，作为试点，把投融资规划方案与长阳镇的控制性详细规划一起上报市规划局，作为规划的实施方案一起审批。投融资规划方案编制完成后，在房山区反响强烈，建设领域的几大相关部门非常支持这一工作，认为这是政府管理的重大创新。经过一段时间的实践，房山区政府决定推广这种方法，把投融资规划作为实施城市规划的必要文件。

如果说房山区是投融资规划思想和方法论形成的宝地，那么淮南市或者说安徽省则为投融资规划走向深入提供了舞台。中铁四局集团与淮南市政府合作进行淮南山南新区土地一级开发的项目为投融资规划全面应用提供了土壤。我们在淮南这个项目中投入的精力很多，已经开展了五个阶段的合作，包括合作合同的起草，开发实施战略的制定，投融资规划的编制，围绕投融资规划和合同进行内部管理机构能力的提升以及土地营销策划等。通过这五个阶段的合作，投融资规划思想在实践过程中不断被验证、被修订。这里要感谢中铁四局投资公司的陈月东董事长和苏中友总经理的支持和帮助，还要感谢淮南市的曹勇市长、王诚副市长的信任。山南新区管委会的诸位领导的支持也使得投融资规划思想在实践中得以深化。黄山城投的刘金星董事长与我比较投缘，我们在电话中多次交流，虽未谋面，但已成为志同道合的朋友，相信我们与黄山城投共同探索的老城区的投融资规划方法必将掀开新的篇章。在安徽省安庆市，我们新近接触了安庆城投的张吉林总经理，他曾多次邀请我前往安庆为其出谋划策，我们一见面就谈得十分深入，相信安庆项目会让投融资规划方法的应用跃升到一个新的平台。

投融资规划提出的时间虽然不长，却得到了社会的普遍认同，投融资规划方法分别在北京、廊坊、韶关、黄山、株洲、长沙、石家庄、淮南、淮北等地得到应用。《中国投资》杂志连续对投融资规划方法进行了跟踪报道，《中国建设报》也特邀我们开设专栏，介绍投融资规划方法的应用，并希望我们就城市开发、规划落实、土地一级开发、基础设施投融资等多方面的问题发表自己的看法。河北省副省长在读到我们的文章后，致电《中国建设报》，安排与我们会面、交流。中国系统工程学会两次组织包括院士在内的专家进行论证，听取各方面专家对投融资规划成果的意见；与会专家认为，投融资规划成果是政府管理方法的创新，值得普遍推广。我的两篇论文也得到了系统工程界的认同，分别在 2006 和 2008 年中国系统工程学会年会上获得优秀论文奖。应该说，把城市规划的落实问题转化成投融资规划问题，站在系统工程的角度对其进行系统的研究，并应用于实际工作，是有其重要意义的。本书汇集了我与我的同事在《中国建设报》专栏上发表的文章、《中国投资》杂志记者采写的报道以及在《中国系统工程理论与实践》杂志上发表的论文。

投融资规划方法是集体智慧的结晶。提出投融资规划方法,解决规划落实难的问题,并非我一人之功,而是团队积累和集体努力的结果。对我的思想形成影响最深的有两个人,一个是时任房山区常务副区长(现任北京市市政管委主任)的陈永,另一个是大岳总经理金永祥先生。陈永是个比较低调的人,很多记者朋友要采访他,多次被他婉拒。在房山区高教园区项目中,陈永与我一起分析项目运行过程中存在的问题,解读房地产政策,寻找破解高教园区困境的方法,他的专业让我受益匪浅,他的敬业让我非常地感动。更加重要的是,陈区长将多年在市政管委、市建委以及就任区政府常务副区长期间积累的经验和教训都毫不保留地与我分享,虽然我并不能深刻理解这些经验教训的含义,在实践中也不可能完全正确地使用,但却使我打开了视野,为我的事业发展插上了翅膀。金总是基础设施投融资方面的专家,对合同管理、财务管理以及投融资实务操作具有丰富的经验。金总每年领导自己的团队完成融资额上百亿,由他提出的规范运作的理念得到很多政府的认同,金总在基础设施投融资工作中将财务分析与合同管理有机结合的思想是我产生开发投融资规划方法这一思想的智慧源泉。

投融资规划的创新,来源于优秀的团队。大岳有一批非常优秀的同事,他们分别来自于北京大学、清华大学、中国人民大学、南开大学、复旦大学、上海交大、天津大学等一流院校。他们具有不同的专业背景,包括公共管理、经济学、管理学、数学、力学、化工、热力、电子工程、新闻、中文、英语、法律、计算机、土地管理、城市规划、环境保护、房地产开发、汽车工程、财务管理等各种专业。不同专业的背景不仅没有给我们制造麻烦,反而成为创新的动力。我们在理论和实践中徜徉,围绕各种观点展开激烈的交锋,不断进行着头脑风暴。我们可以为一个观点争得面红耳赤,也可以为了一个笑话忍俊不禁。应该说,良好的公司氛围是创新的基础。这些优秀的同事,为投融资规划方法的形成和发展起到了积极的推动作用。

事业的发展离不开朋友的支持。我的另外一些朋友是我不得不提的,他们总在我需要的时候给我启发,为我注入实践的养份。例如,北京市房山区的曹磊。曹书记年轻有为,多年跨部门的基层工作经验使其深刻理解政府管理体制中的优缺点。我在咨询工作中遇到困惑的时候,只要找到他,无论多么忙,他都会抽出时间帮我分析,给我很多好的建议。在我思想形成过程中,还有很多房山区的朋友为我提供了帮助,比如房山高教园区的高培军主任、发改委的崔山主任等等。房山区的这些朋友对我是有求必应的,他们是我思想的源泉,是我取之不尽的思想宝库。

突破思维局限,有利于方法的深化。我本科学的是数学,研究生学的是经济学,在工程管理和项目管理领域缺乏理论指导和实践经验,我的大学同学刘柏岩一直在这些方面默默地支持我,也为我的同事提供了非常多的帮助,帮我培养了很多人才。刘柏岩和我有相同的专业背景,后来分别走上了不同的专业道路,所以我们交流起来很方便,也使我看到了很多自己看不到的问题,这些问题是理科专业的局限性带来的。为了说服我,他会给我讲他由理科思维向工科思维转化中的困难,也提醒我工科与理科思维的差别在哪里,双方应该如何取长补短,帮我更好地突破思维局限。这些思维的转变,有利于我拓宽对城市科学的认识,寻找工程化的方法,解决城市规划落地这一系统工程问题。

　　整合能力的培养有利于投融资规划方法的提升。在读研究生的时候,我的导师王毓云先生教导我说:"微观经济学好不易,宏观经济学好也难,但更难的是如何把微观和宏观整合起来"。我在工作中一直在参悟这句话,每每都有新的体会,但体会最深的是与邓小刚区长(现任西藏自治区政府副主席)几个月的合作。邓区长是经济学博士、管理学硕士、微生物专业的学士。这些专业的优势使他在整合各种宏观及微观问题时如鱼得水,也让我受益颇深。

　　城乡统筹和"两型"社会建设的探索为投融资规划思想的应用提供了更广阔的舞台。时任廊坊市副市长的王大虎市长(现任石家庄市副市长)了解到投融资规划方法后,非常希望我们为廊坊的规划落实和生态城建设提供咨询服务,多次邀请我们参与了万庄生态城的论证,我们也为生态城的科学发展制定了实施性战略。湖南省长株潭试验区改革建设领导协调委员会办公室的徐湘平主任多次与我们交流湖南长株潭城市群"两型"社会建设的相关问题,为投融资规划方法在"两型"社会建设中的运用起到了完善与提高的重要作用。此外,在与重庆师范大学杨新民校长、重庆大学管理学院于辉教授的交流过程中,有关重庆市城乡统筹发展问题的探讨同样使我深受裨益。

　　学术界的支持有利于丰富和完善投融资规划方法。我的导师陈光亚教授多次听取我的工作汇报,并亲自指导我把实际工作的成果整理成学术论文,通过这个过程,提升了我的思维层次,开拓了我的视野。中国城市规划设计院的夏宗旿女士对我们的工作提出了很多中肯的建议;北京大学经济学院的王一鸣教授、光华管理学院的唐国正教授、中国人民大学公共管理学院的叶剑平主任和曲卫东教授、中国人民大学信息学院的陈禹院长以及中国科技大学管理学院的梁樑院长等都对我的工作提出过很多宝贵的意见。这些高层次的、跨学科的专业支持使我们形成了更为客观的认识。

这本书是一本论文汇编,论文的发表融入了很多人的智慧,《中国投资》的肖静秋社长、袁宏明总编的大力支持使投融资规划的报道工作有条不紊,朱娅琼、杨海霞等记者都作了大量的采写工作。《中国建设报》的张正贵主编为大岳公司开辟了专栏,并不时地提醒我,要努力,要出高水平的稿子,切忌在原地打转。这些鞭策和激励使我能够牺牲掉许多休息时间不停地笔耕,才会有今天这些成果的问世。在文稿写作过程中,我的同事秦冉付出了大量的劳动,她的文笔比较好,思维缜密,这使我能够把基本思路理清之后就放手让她写,为我节省了很多时间。陈民是我的同事,也是清华大学的高材生,在大岳工作七年了,主持过很多大型的基础设施投融资项目,为城市开发业务模块的形成付出了大量的心血,有许多咨询工作都是我们一起完成的,每篇文章中都可能有他智慧的闪光。

对城市发展的认识,要经历三个不同的阶段:一是"看山是山"阶段,二是"看山不是山"阶段,三是"看山又是山"阶段。这段话韶关城投李宏董事长经常同我说起,后来有些老领导也一再与我谈起。尽管到现在,我仍然不能完全参透这段话的深刻内涵,但通过投融资规划方法在理论和实践两个层面的反复应用,我经历了认识—实践—再认识—再实践之后,对城市发展问题、城市规划的落实问题、土地开发问题都形成了一些自己的看法。我已开始从自己的角度诠释和理解着这三句话的含义。

最后,我要感谢我的亲密战友徐涛,她是这本书的责任编辑。徐涛本来就是个工作认真的人,遇上我这个挑剔的人,就更认真了。从版式的设计,到文字的校对、审核,她都付出了相当多的时间和精力,并且不放过每个细节。尽管本身已经是一名优秀的编辑,但是为了做好本书的编辑工作,她仍然参阅了大量的书籍,并专门拍摄了很多有参考价值的图片,这些努力为图书的出版增色不少。

写书也好,编书也罢,目的只有一个,就是读者能喜欢。这是一本比较专业性的书,读者对象也有限,可能主要包括四类读者,一是政府城市建设系统的工作人员,二是房地产企业的从业人员,三是高等院校相关专业的师生,四是金融界的朋友。我不敢说这是一本让读者喜欢的书,但至少这是一本值得一读的书,这里有大岳全体同仁对中国城市建设过程中相关问题的思考,有我们理论和实践相结合的探索,也有来自于生产第一线的创新。

也许这本书的文字还有欠锤炼,也许里面的观点还不尽成熟,也许文章汇编的形式使其读起来还欠缺系统性,但这毕竟是一种探索,一种值得关注的探索,这是一项需要社会各界共同参与完善的事业。大岳只是开了个头,更多的价值等待大家一起在实践过程中实现。

李 伟

2008 年 12 月

目　录

II

城市开发的投融资规划
方法简介

投融资
规划

城市开发的投融资规划方法简介

一、投融资规划的概念

投融资规划是以城市规划为基础,以科学落实城市发展战略为目标,以系统工程的统筹兼顾方法为手段,以城乡统筹发展为基本原则,以城市开发所涉及的土地储备和供应及各类基础设施、公共服务设施、公益设施项目的投资、融资、建设工作为统筹对象,以政策、法规、资源、资金等为输入,以管理体制设计、参与主体分工机制建立、参与主体利益平衡、各类建设时序安排等为输出的城市开发建设管理技术。

二、投融资规划的背景

从总体规划、控制性规划到修建性详细规划,我国已经有了比较完整的城市规划体系,各个城市也都把高起点的规划作为了城市发展战略中重要的一环。但是很多城市在开发过程中仍然出现很多问题,比如城中村、断头路、半拉子工程、没人入住的新城等等。研究造成这些问题的原因,我们发现大多并不是城市规划和城市战略造成的,而是在如何实施规划方面出现了问题。具体而言,这些问题可以归结为几大类:

一是缺少实现规划蓝图的路径和方法。城市规划的蓝图都是美好的,而现状与规划蓝图之间通常存在很大的差距,规划中那些错综复杂的项目如何实现,如何为城市的快速发展注入动力,需要有清晰的路径。

二是各种实施主体角色模糊或错位。城市政府、政府下属部门、政府的城投公司、一级开发商、二级开发商、各种公共服务设施投资人等都是参与城市开发的主体,城市政府未能给角色明确的定位,其自身又经常越位或缺位。

三是政府未能统筹各种相关主体的利益。城市开发工作涉及到农民、市民、政府、投资人等多方面的利益,政府作为主导者不能统筹各方的利益,出台很多不适当的政策,使得开发的进程受到阻挠。

四是资金使用效率低下。城市开发需要财政投入大量资金,这些资金应当起到撬动更多社会资源的作用。由于对城市系统认识不清,大量资金投入后不能够起到应有的作用,出现设施闲置、项目建成后对城市价值提升作用不明显等问题,产生了许多功能不完善的新城,半拉子工程等,造成资金浪费严重、资金链断裂等现象。

除此之外,还有许多其他的问题,如管理体制与城市开发工作要求的不匹配、招商政策的针对性不强等。这些问题的存在,使得城市开发过程存在巨大的资源浪费。在总结各地政府城市开发成功经验和失败教训的基础上,结合大岳咨询公司多年从事各类城市基础设施投融资咨询和各种城市新区、新城、工业区、旧城改造等咨询工作的经验,我们运用系统工程的方法,提炼出一套解决城市开发资源整合、资金部署、时序安排,促进城市开发工作有序开展的投融资规划方法。2007年,李伟牵头在《系统工程理论与实践》年刊上发表论文《通过投融资规划优化城镇开发流程》,首次正式提出了这一方法,并荣获优秀论文奖。

三、投融资规划遵循的原则

投融资规划的编制遵循几方面的原则,包括系统性原则、均衡性原则、可持续发展原则、财务稳健原则、操作性原则。

1. 系统性原则

城市开发是一个开放的复杂系统,研究城市开发工作要应用系统的观点和方法。整体而言,可以把投融资规划工作分为系统演进目标制定(城市发展战略的制定)、系统识别(各种主体的分工和职责划分)、系统演进路径的制定(城市发展模式和投融资模式的设计)和系统演进的管理(针对城市开发工作的管理)进行研究。

2. 均衡性原则

投融资规划面对的城市开发工作,涉及多种主体、多类项目,各方面的利益目标和运作要求是不同的,为了实现总体目标,需要注意几方面的平衡:

(1)资金配置均衡

资金平衡包括针对几方面主体的考虑,对于市场化的投资人,要考虑其投资范围内的项目具备合理的盈利模式;对于公共服务设施和基础设施及一级开发的投资人,要注重其长期现金流和短期现金流的匹配关系;对于城市政府,要考虑城市开发工作对城市财政支付能力的影响。

(2)公平与效率兼顾

城市开发的政策属于公共政策范畴,投融资规划在研究和制定城市开发政策时,要注重政策的均衡性,使得各种参与主体均能够享受到城市发展带来的福利,不应以损害某一群体利益为前提实现其他利益主体的利益目标。

(3)城市功能均衡

城市的发展需要均衡的功能,这是投融资规划配置各项城市开发资源的总体前提,不应受土地价格的影响,单纯以盈利为目的过度配置某一类功能的用地,导致城市发展失衡。

3.可持续发展原则

传统的城市开发工作带来了对环境、生态的破坏,编制投融资规划时,应注重在理念和标准上对城市开发工作提出前瞻性的要求,不因城市的开发而造成对环境的破坏,使城市发展具备生态可持续的内在动力。

4.稳健性原则

城市开发工作最终要与市场对接,以土地的出让和二级开发产品的实现为开发环节的结束。城市政府作为最高层面的管理者和城市开发这个整体系统的控制者,制定投融资规划时要遵循稳健原则,包括:

(1)财政预算稳健

城市开发工作中,政府财政负责投入公共的部分,也就是部分必要的基础设施、公共服务设施等建设工作,这部分工作需要政府财政适度负债和超前投入。城市开发工作的部署,要保证公共投资不影响财政的稳健性,城市未来的财政收入能够支撑超前投资带来的偿债压力。

(2)市场预期稳健

城市开发的主要产品之一——功能成熟的土地,还需要通过土地市场供应给房地产二级开发商、工业企业等,以实现城市功能的最终完善,因此土地市场、产业市场甚至终端住宅市场的变化都会对城市开发工作能否实现产生影响,对市场状况进行评估时,应当遵循稳健的原则,避免过于冒进给城市财政造成过大风险。

5.操作性原则

投融资规划主要目的是运用系统工程的方法,在规划和建设之间架起一座桥梁,服务于城市开发的实施工作,因此最终完成的投融资规划应当对各种城市开发工作的总体安排作出比较明确的部署,有明确的操作主体分配、融资来源、建设模式设计等,用于指导具体的开发工作。

四、投融资规划的方法

投融资规划方法的本质是钱学森先生提出的解决复杂巨系统问题的综合集成方法。通过对城市土地利用现状、财政状况、规划成果、城市发展目标、地方政策、基础设施投融资模式等方面的分析,对城市发展模式和开发路径提出定性的判断,并将其输入计算机模型,对输出结果(如城市开发的高峰投资额、现金流量状况、城市土地成熟程度等)集合相关领域专家、政府官员等进行讨论和优化,通过这种专家智慧和人机结合的方式最终得到需要的成果。具体到实际工作中,以新城开发为例,可以大致分成几个步骤:

1.面向实施对现状和规划进行分析

以对实施规划有什么影响为出发点,对新城的土地利用现状、制约条件、规划文本等进行分析,找出主要的控制性条件。

2.研究投资项目

梳理实施规划需要完成的投资项目,按照功能、类型、对应的投融资模式、投资主体等进行分类,并对各类项目的投资需求进行估算。

3. 基于规划对土地资源进行评估,并梳理其他可利用资源

对新城开发工程中能够用于投资项目资金平衡的各种资源进行评估。对于居住、商业等需要进行二级开发的土地,结合各类基础设施、公共服务设施等对土地成熟度及土地价值的影响,进行土地价值评估,作为研究不同开发时序对新城功能和价值影响的基础。

4. 为新城设计发展模式,提出初步的开发时序

以前面的几项研究工作为基础,与相关的政府主管领导、各个行政部门等进行研讨,共同为新城的开发工作提出一套发展模式,包括新城开发的启动点、成长模式、价值提升路径等。

以上述工作为基础,研究提出新城开发各项工作的三项初步安排。

5. 建立模型

针对新城开发的实施主体,如地方政府或一级开发投资人,建立投融资规划模型。

6. 将时序输入模型进行定量检验,并与政府官员、专家等进行研讨优化

将所研究的各种限制条件、现状情况、规划条件、初步开发时序等输入投融资规划模型,面对模型输出的各种主要财务指标,与政府官员、专家等共同研讨,如结果不可接受,则根据研讨结论对开发时序等进行调整优化,直到开发时序等方案能够得到共同认可。

7. 确定开发工作部署,提出实施管理建议

结合研究和研讨得到的各种结论,对投融资规划的实施工作提出关键问题、控制性条件、风险规避策略、调整反馈机制等方面的实施管理建议。

五、投融资规划的应用范围

投融资规划对于较为综合的城市开发项目具有一定的普适性，目前我们已经将其应用于以下类型的工作之中：

1. 新城的开发工作

以居住、商业、行政办公等功能为主的新城区投资开发工作，较为典型的案例如淮南市山南新城。

2. 旧城改造或城市功能提升项目

对成片旧城区的基础设施改造、拆迁项目，或通过大型战略性项目的开发，辅以一定数量的公共服务配套完善工作，提升城市整体功能和形象的项目，较为典型的如黄山市中心城区功能提升和基础设施建设投融资规划项目。

3. 产业园区的开发工作

规划以产业为主要功能定位的园区开发项目，如廊坊龙河工业园区项目。

4. 大型综合开发项目

城市大型公共服务功能、商务功能一体化的综合开发项目，如北京国际汽车博览中心项目。

5. 城投公司的投融资战略

由于城投公司的使命与城市的发展战略密切相关，城投公司的投融资发展战略问题与城市的投融资发展战略有一脉相承的关系，目前正在利用投融资规划方法为多个城投公司制定投融资战略。

陈　民

第一章

城市发展的误区

城市发展需要新的支点

毋庸讳言,我国地方财政特别是城市政府严重依赖土地出让金收入的现象普遍存在,据有关资料显示全国平均达到30％以上,大城市更是达到60％水平。这一方面是由于地方财政制度性收入不足,另一方面也是土地出让金制度缺陷造成的地方政府诱发性的机会主义行为。

有专家提醒,这其中潜藏的财政风险、金融风险和制度性风险应当引起我们足够的重视。财政性风险是指当地产市场反转,政府一方面要面临土地出让困难,另一方面还要通过减免出让金来吸引投资和建设,两方面的夹击之下,土地出让金收入必然大减。财政支出的控制刚性明显,土地出让金减少的缺口将带来极大的财政风险。金融风险是指地产市场的反转,开发商停止开发转嫁风险,银行成了最终风险的承担者。制度风险是指地方政府高报成本、截留资金,大大降低进入预算基金的出让金,甚至归零。

总之,城市发展和土地问题是我国长期面临的两个关系全局的基础性的课题,城市土地开发及其收益的处理问题已经成为城市建设投资和融资过程中的焦点,引起全社会的广泛关注。

随着城镇化、工业化的进程在全国各地不断加快,地方政府通过土地供应收入满足城市基础设施及公共设施建设所需资金,并依托房地产市场拉动本地经济的做法已成经验之谈。"以地生财",一段时间成为各地政府解决城市开发资金问题和撬动城市经济发展的主要手段。《土地储备管理办法》和《国务院关于促进节约集约用地的通知》的出台,在社会各界产生强大反响,并由此形成了两类迥然不同的舆论观点:一类看法是,地根紧缩是国家应付短期通胀压力而采取的应急手段,随着通胀压力的减缓,地根就会放宽;另一类观点是控制土地将是国家贯彻科学发展观,实现经济发展方式转变和建设两型社会的长效机制。

国家强制地方政府转变经济发展方式

首先,通过土地控制强制转变。《土地储备管理办法》将各地的土地储备机构统一为隶属于国土资源部门的事业单位,并明确其作为唯一供地渠道,兼具规范土地市场、促进节约集约用地、实施宏观调控的职责。由此不难看出,土地政策将逐渐成为国家宏观调控的手段之一,用于切实保护耕地和保障民生用地。这一政策的出台,是在当前我国经济发展偏快、房地产在许多地区经济中占据主导地位这一形势下,顺应科学发展需要的结果。

其次,通过税收强制转型。税收政策是国家实现经济转型的另一重要手段。一是通过征收房地产交易增值税及第二套房契税来提高购房成本,从而抑制对房地产的投资性需求;二是通过加大对房地产企业土地增值税及土地闲置税的征收力度,使房地产企业无法通过抬高房价增加收益,并有效扼制了开发商"捂地"、"屯地"的行为,从而降低开发商开发利润,迫使开发商转变盈利模式,促进节约用地,推动资源节约型社会的建设。

第三，金融调控。作为宏观政策"重拳出击"的另一重要组成部分，金融政策一方面通过提高第二套房贷款利率及首付比例，降低购房的非理性需求；另一方面通过收紧对房地产企业的开发贷款，使实力不够强的企业在土地取得和开发环节中面临资金考验，配合上述税收政策，使得相当数量的房地产开发企业即便在土地供应不受限的情况下，也拿不出足够的资金取得土地并即时开发。

如此三位一体的政策组合，足以说明政府控制房价、调控市场和尽快转变经济发展方式的决心和力度。上述系列政策出台后，武汉等城市已出现一、二手房交易量大幅缩水、房子有价无市等情况，深圳等地更出现由"量跌"到"价跌"的房市拐点；同时，国家加大了对滨海新区中新生态城、长株潭等两型社会建设的支持力度。这些政策导向清楚地阐释了中央鼓励什么、反对什么的明确态度。

寻求城市发展新支点

面对风向已变的政府"新政"以及当前有目共睹的市场变化，作为城市经济发展的掌舵者，各地政府应如何应对这一形势呢？是持续观望，等待政策转向，市场回暖，继续走以地生财的老路？还是调整策略，跟上形势，谋求新的经济增长点？

政府需要寻找城市发展的新支点。地根收紧是政府从用地环节落实民生问题、转变经济增长模式的手段，配合贷款总量控制以及税收杠杆调控等一系列措施，是以科学发展的观念转变国家发展方式的长效机制，也是实现防止经济增长过热、防止价格结构性上涨"两防"目标的大势所趋。

> 如果城市政府继续利用土地作为助推剂，希望借助房地产业近年来的突起之势，刺激经济强行起飞，很可能会出现寅吃卯粮、竭泽而渔等透支财力搞建设的现象

一些地方政府已充分认识到这一点，不在城市建设上搞盲目大拆大建。如山西省某市，新上任的市长也在拆也在建，但拆的是违章建筑，建的是民生工

程;用严查狠罚的方法制止政府部门违规批地供地,打击企业寻租行为,以罚金和罚没财产弥补以往不规范运作可能造成的损失,从而整顿城市风气,维护市场秩序,也让公众和投资者对城市的发展产生合理的预期和信心,在维护政府公信力的同时,为城市的和谐发展助长人气、打好基础。

根据相关部门的一份调查,全国1/5的城市都存在"底子工程欠账、面子工程夸张"的现象,这是部分城市领导者片面追求政绩、把"发展"理解为"经济增长"的结果。如果城市政府继续利用土地作为助推剂,希望借助房地产业近年来的突起之势,刺激经济强行起飞,很可能会出现寅吃卯粮、竭泽而渔等透支财力搞建设的现象,得到的也只能是短期发展,甚至会导致难以收拾的恶果,正如一些由房地产业占据经济主导地位的城市,房价下跌造成的多米诺效应形成了"楼市冷百业寒"的局面;而美国此次波及全球的次贷危机,也是一味刺激经济增长而导致败局的另一佐证。

2008年1月3日出台的《国务院关于促进节约集约用地的通知》明确指出,在当前建设用地供需矛盾突出的情况下,"走出一条建设占地少、利用效率高的符合我国国情的土地利用新路子,是关系民族生存根基和国家长远利益的大计,是全面贯彻落实科学发展观的具体要求,是我国必须长期坚持的一条根本方针。"我国与新加坡合作,由国家领导人亲自签署框架协议,目标在于借鉴新加坡在水资源利用、环境保护和社会发展方面经验的中新生态城项目,最终选择了一块位于天津滨海新区、水资源短缺无法耕种的盐碱地作为项目用地,这正是对创新城市发展模式、建设资源节约型社会的有益探索。

在当前国家"经济适用房、限价房、廉租房"三措并举解决民生问题的政策环境下,房价跳涨的局面在很多城市已风光不再,取而代之的是房价的理性回归;同时,国家促进集约节约用地的政策力度不断加强,以房地产行业为依托,谋求"以地生财"的城市发展策略终将渐行渐远。在"以人为本"、"科学发展"成为主旋律的今天,各地政府应着重考虑的,是如何凸现政府公共服务职能,明确"为谁服务"和"如何服务",举凡居民生活、资源综合开发、环境保护、法治建设等内容均可作为促进发展的切入点。基于社情民意,通盘统筹,找准城市集约化发展的方向及核心支点,运用财务分析等科学方法对城市资源进行时间和空间上的规划配置,既关注当前发展,又强调发展的可持续性;既追求经济增长,又兼顾环境与社会和谐;做到既有科学完善的城市发展规划体系,又有严格落实规划分步实施建设的制度保障,这才是当前形势下城市管理者落实国家总体发展战略、谋求长远发展的明智之举。

(原载于《中国建设报》2008 年 6 月 19 日)

化"愁"为"筹"

在当前加强土地监管、控制贷款总量等一系列从紧的宏观调控政策下,预期的土地收益偿还贷款的不确定性增加,部分城投公司以短期融资资金偿还前期贷款的循环融资模式存在着风险隐患,城投公司何去何从,城投公司长期如何发展,已成为众多城市政府及城投公司普遍关注的问题。日前,来自全国70多家城投公司的主要负责人出席了在齐齐哈尔市举行的"2008年投融资体制改革专题研讨会",大家为城市的长期发展担心,共商城投公司的发展大计。

城市经济发展的不同状况,以及城投公司角色定位的差异,都决定了城投公司采用了不同的投融资模式,其所面临的投融资问题也不尽相同

大计。盛夏6月,鹤城如火,可会场的气氛却是凝重的,透着凉意,一股愁云笼罩在城投公司老总的脸上。

全国城投公司协作联络会崔国清秘书长明确指出,如何实现城投公司由以往"政府主导,间接融资"向"市场主导,直接融资"的模式转变,是当前形势下城投公司可持续发展的关键。

在全国城镇化速度不断加快的进程中,城市建设投资("城投")公司也迎来了前所未有的发展机遇。作为政府筹集建设资金的融资平台,许多地方政府通过向城投公司注入少量的财政资金或虚拟资产,撬动约占城投公司资产总额60%—70%的银行贷款进行开发建设,并以土地收益弥补建设成本、偿还银行贷款,这在一定时期内成为众多地方政府进行融资建设的一种优选模式。

然而,城市经济发展的不同状况,以及城投公司角色定位的差异,都决定了城投公司采用了不同的投融资模式,其所面临的投融资问题也不尽相同,目前主要集中在四件愁事上:

一愁如何筹到钱。以山西省某市为例,其城投公司的角色定位为单纯的融资平台,却因资产负债率过高而难以持续取得银行贷款,城投公司的长远发展无法得到保障。在这一模式下,城市政府和城投公司所面临的根本问题是建设资金的取得问题,即如何有效融资。

二愁融资方式不合理。一些城投公司不仅承担政府融资平台的职能,同时也是政府统筹城市开发建设资金的平台,城市基础设施及公用设施投资、建设、运营主体,城市土地开发主体和新城(区)投资建设主体。这类城投公司已在融资能力上具备相当实力,其中有些以政府的强势支持为依托,有些则已发展成为集团企业,可通过土地开发等经营行为获取收益,平衡开发建设资金。而这类城投公司亟待改善的是如何有效拓宽融资渠道,由政府主导向市场化运作转变。

三愁资金使用效率不高。对于北京、上海等经济发展状况比较领先并且有重大项目带动的城市而言,多元化的融资渠道已经形成,完善城市建设投融资的关键环节不再是如何取得资金,而是如何提高资金的使用效率,如何建立可持续发展的长效机制。

四愁资金回笼难。土地储备管制严、难度大、流程长。在需要以土地收益弥补重大项目建设成本的城市,项目投资能否实现平衡的关键在于盘活土地资源。由于土地涉及到被征地农民、属地政府等各方利益,政府各部门因管理角度不同,其出台的政策存在衔接缺口,导致用于资金平衡的土地资源难免出现被批租、占用的现象。此外,当前国家限制土地储备贷款,严格控制土地供应,导致土地储备的难度加大,如果土地供应量无法保证或土地出让周期过长,必将导致资金不足或回流过慢,城市建设的投资平衡也会随之受到严重影响。

> 投融资规划方法本质上是一种统筹的方法,解决的是城市规划和建设之间的有效衔接问题,其本质是资源的配置

会上,专家和老总各抒己见,提出了针对不同情况解决城投公司城市投融资问题的路子。

崔秘书长认为,现在城投公司对政府的依赖过强,没有走市场化融资的路线,多数城投公司还是政府的事业单位,并没有把自己当作企业来看待。

崔秘书长说,武汉城投在市场化方面做了很好的尝试,首先要有走出去的意识,要敢于探索和创新,要化被动为主动,统筹考虑城投公司的发展。

投融资规划方法本质上是一种统筹的方法,解决的是城市规划和建设之间的有效衔接问题,其本质是资源的配置,关键是在"筹"字上做好文章,要做好统筹工作。做好了"筹"的功夫,就解决了"愁"的问题。

投融资规划方法是解决城市开发过程中资金统筹的一种新的方法,并且得到中国学术界的好评,很多城市包括北京、廊坊、黄山、淮南、淮北等地都通过投融资规划的办法,来统筹城市开发建设的资金问题。但不同城市的需求是不尽相同的,该如何解决问题?

大家如果就钱谈钱,在现在这种金融政策紧缩的情况下,似乎是很困难的。但如果我们跳开资金看资金的问题,似乎路并不止一条。

关键在于如何统筹城市的资源,这种统筹不仅仅在空间层面进行,还应该在时间层面进行,也就是不能就项目谈项目,不能缺资金的时候才想起找资金。淮南市在全国资金紧张的时候并没有遇到资金的难题,关键在于筹划早,现在的无忧是以前的谋划带来的。淮南市如果不能够与中铁四局解决好双边关系,双方如果不能站在一个立场上处理好各利益主体的关系,现在也会面临着更多的难解之题。

(原载于《中国建设报》2008 年 7 月 10 日)

拒绝"忙"与"盲"

在当前城市化发展的浪潮中,各类城市迎来了前所未有的发展机遇。那么,是否所有的城市都能在良好的机遇面前开辟出喜人的发展前景呢?恐怕事实并不容乐观。

受任期和资源所限,有些城市容易出现短期行为,管理者把主要精力放在了政绩工程上,"忙"于眼前利益,却"盲"于长远发展;"忙"于追求开发速度,却"盲"于开发质量;"忙"于追求政绩,却"盲"于民生建设。这种发展模式都是不健康的,也是不可持续的,而这种发展模式产生的严重后果和沉痛教训也都历历在目。

分析总结城镇发展的不成功案例,其核心问题主要集中在三个方面:

需要从城镇发展的根源入手,解决三个问题:一是要综合评估开发区域内土地一级开发成本及出让收益,进行总体资金平衡分析;二是要统筹解决被征地农民的拆迁安置问题,保障失地农民利益,防止出现"城中村";三是要合理安排镇区内市政基础设施和公共服务设施建设项目,保障规划落实

一是土地收益与建设支出的匹配问题。从近几年的情况看,对于大多数地

方政府来说,土地是最主要的收入来源,但在尚未全面掌握土地开发的成本和收入情况时,匆忙安排建设与开发,为追求资金回笼忙于供地招商,导致城市建设资源不匹配,形成建设资金不足甚至资金断链。

二是失地农民发展与社会安定问题。如何让失地农民共享发展成果,以解决一直困扰地方政府征地难的问题,是城镇开发过程中的难点。处理不好征地问题,不仅影响建设进度,也为建设计划的完成造成了障碍,同时社会的和谐稳定也难以得到保障。

三是政府和投资人的互信互利问题。基础设施及公共服务设施的配套是城市建设的必备项目,但政府的职能和财力都是有限的,不可能承担所有建设任务,而投资人参与城市开发建设首先是为了获取回报并要求合理的现金流,在经济效益与社会效益之间,如果不能合理划分政府与市场的边界,明确各自的投资范围,会因引资不畅导致财政负担过重,从而影响规划的有效落实。

在这样三个普遍面临的问题前,地方政府该如何运用科学决策方法,合理配置公共资源,兼顾政府、投资人、失地农民、居民住户、企业住户等各相关利益群的利益,充分调动各方力量参与城镇开发,既实现地区发展目标又形成城市可持续发展的能力呢?

一个基本前提是做到机遇面前不盲动。城镇开发不是房地产开发,城镇发展也不能以开发商的意志为导向。资本的本性是逐利的,如果政府不能在开发初期对城镇发展有一个总体的统筹安排,极有可能被开发商牵着鼻子走,给后期开发留下极大的隐患。因此,需要结合自身实际情况和面临的形势,通盘统筹,摸清家底,量入为出,从城镇发展的根源入手,解决三个问题:一是要综合评估开发区域内土地一级开发成本及出让收益,进行总体资金平衡分析;二是要统筹解决被征地农民的拆迁安置问题,保障失地农民利益,防止出现"城中村";三是要合理安排城区内市政基础设施和公共服务设施建设项目,保障规划落实。

北京市房山区长阳镇就是城镇建设中审时度势进行科学决策的一个典范。

随着北京市主城区"摊大饼"式的发展,五环路以内的建设用地在逐年锐减,好地段的土地可以说是"寸土寸金,一地难求"。于是开发商的眼光开始投向五环以外,而紧邻五环的长阳镇则成了被重点关注的对象。长阳镇位于北京西南房山区境内,紧邻城市五环路和京石高速公路,是房山区境内距北京中心城区最近的一个乡镇。历史上,由于受永定河滞洪区的影响,长阳镇的发展一直受到限制,镇区开发基本处于空白,城市化水平很低。2005 年,随着永定河防洪工程体系的完善,防洪标准有了很大提高,长阳镇彻底摘掉了滞洪区的帽子,大片建设用地得以释放;同时长阳镇新一版的总规和中心区控规也初步编制完成,具备了开发建设的基本条件。各地开发商看好长阳镇未来的发展,纷纷主动抛出绣球,长阳镇迎来了空前的发展机遇。

面对机遇,长阳镇政府并未急于引进投资,而是清醒地认识到:机遇背后往往是巨大的挑战,处理不当则会演化成危机。本着科学决策的原则,长阳镇政府借助专业机构,协助其对长阳镇的可持续发展进行统筹安排。在系统分析了长阳镇的实际情况及面临的问题之后,咨询机构意识到解决问题的关键在于对资金的统筹,并创造性地提出了针对该类问题的解决方案——投融资规划。简单来说,就是以城镇规划为依据,运用系统工程的方法,通过筛选各类待建项目的投资建设主体明确政府投资范围及投资额度,结合城镇开发理念及实际情况合理安排开发建设时序,并根据当地经济发展水平及财政状况确定资金来源、融资方式及投资回收方式,从而构建城镇开发决策支持模型,为政府系统解决城镇开发中的实际问题。

长阳镇政府的这一举措受到了房山区政府及北京市有关部门的高度重视,投融资规划作为城镇规划的实施保障得到了规划部门的认可,土地部门也把投融资规划成果作为制定土地出让价格的参考,保障了城镇开发收支平衡。

开发商也十分认可投融资规划对长阳镇土地开发价值的预期,积极参与土地一级市场的招拍挂,目前长阳镇境内在建、签约和在谈项目共 18 个,有力地推动了长阳镇城镇化水平和开发价值的提升。更值得称道的是,北京市土地储备中心也看好长阳镇未来的土地开发市场,准备投资数十亿元对长阳镇中心区土地进行成片开发。

同时,由于投融资规划中设计了合理的成本分摊方式,使农民安置补偿费用及设施建设投资可以计入土地开发成本并通过土地出让得以弥补,为失地农民安置工作和设施建设工作提供了资金储备,有力地保障了各项工作的顺利进行。

(原载于《中国建设报》2008 年 7 月 17 日)

从暴雨封城看城市开发建设

科学发展观已经谈了很多年了,城市开发建设过程的科学性是城市科学发展需要解决的急迫问题。所谓城市的科学发展,不应该仅仅理解为城市的项目建设要尊重科学规律,城市开发过程本身的科学性更值得关注。最近昆明市的暴雨封城事件警示我们,城市建设过程管理的科学性是迫在眉睫的大问题,必须引起相关城市政府领导的高度关注。

暴雨封城引发质疑

2008年7月1日晚间至2日凌晨,昆明突降暴雨,造成主城区不同程度遭到水淹,最深处超过1米,市区大部分道路严重积水,许多参加中考的考生无法按时进入考场,车辆被困,地势较低的村庄被淹,机场跑道因积水严重无法正常起降,多个航班停飞。一场暴雨,真的能让一个城市转眼就瘫痪么?是暴雨太强悍还是我们的城市建设有点不堪一击?

昆明市领导将城市工作中存在的问题归纳为"四个滞后"和"五个不对称"。即:城市规划设计滞后于城市开发建设、基础设施配套滞后于经济社会发展、生活方式变革滞后于生产方式进步、城市管理体制机制滞后于城市现代化发展要求;城中空间与城郊空间不对称、私密空间与公共空间不对称、地上空间与地下空间不对称、物的空间与人的空间不对称、动态空间与静态空间不对称。城市开发建设管理的理念与方法遭到严重质疑。

根本原因不能全归自然因素

存在此类城市建设管理问题的恐怕不仅仅是昆明,而那些在自然灾害中造成的损失也不能完全归咎于自然灾害,这其中有着不可回避的人为因素,例如城市排水设施建设的严重滞后可能是导致暴雨封城的根本原因。

城市开发建设本身是个系统工程,城市开发建设的管理实际上是城市演进的管理问题。过去,由于受到资金的限制,各地政府急于引资投建,开发商选择在哪里投资,城市开发建设就进行到哪里,政府对城市建设的通盘筹划与开发时序的把握往往处于缺位状态;同时由于开发商通常以盈利为首要目标,做不到从政府职责出发考虑公益性建设,各种基础设施和配套公共服务设施相对滞后,导致城市开发建设过程中政府管理失控,不少城市政府只能不断为过去的错误做法买单,并且面临着类似昆明此次的城市运营风险。这种现象在 2003 年土地协议出让之前是司空见惯的。

> 城市开发建设本身是个系统工程,城市开发建设的管理实际上是城市演进的管理问题

当前,政府统筹土地的一级开发,基础设施、配套服务设施都通过土地开发来统筹解决,但由于政绩工程、面子工程的普遍存在,很多地方政府在城市开发建设资金短缺的情况下,采用以地融资的方式,比较多的做法是:出让一块土地,取得一笔资金,投建一个项目。这样只能解决一部分基础设施的建设问题,无法把握城市建设的总体步调,与从前的做法相比,并未从实质上解决配套滞后等问题。因此,在很多地方,城市运营的诸多隐患并没有从根本上消除。

寻求解决良方

要避免这样的滞后问题需要政府进行前瞻性的、科学的干预，一是要在宏观层面做好通盘统筹，把握城市发展的科学性；二是要在微观层面进行系统安排，保障决策落实。

由于在进行开发建设或实施旧城改造时，缺少着眼全局的统筹安排，决策不科学的问题在很多城市都有体现，主要表现为以下两种情况：（一）城市发展战略不合理。缺乏整体的统筹安排，城市的发展决策往往被迫采用指哪打哪的战术，例如简单地以地融资进行建设时，只能是取得多少资金、投建多少项目，难免导致城市功能不全、出现问题再做补救的情况，结果是被迫重复建设形成资源浪费。（二）在进行城市开发建设的决策时不考虑财政能力和社会情况，盲目贪大求洋，例如有些城市一味追求营建园林城市，规划大片城市绿地，压缩用于商业、居住的土地，引发开发成本难以负担等系列问题。

宏观层面的科学决策，需要政府系统分析实际情况及面临的问题，筛选各类待建项目，明确其投资建设主体与政府的职责范围，结合开发理念及实际情况合理安排建设时序，并根据城市经济发展水平及财政状况确定资金来源、融资方式及投资回收方式，从而保障城市功能配套齐全、建设合理。

除决策的科学性问题外，微观层面执行不力的问题在许多城市也普遍存在。城市开发涉及征地拆迁、基础设施建设、公共服务和市政公用设施建设以及二级开发、产业导入等多个环节，很多城市就是因为在规划与建设两个阶段之间缺少系统整合的环节，导致开发资金断链等问题的频繁出现。

解决执行问题的有效做法是在实施阶段做好投融资安排。目前城市的规划编制往往只停留在静态的空间规划上，没有对城市建设投资融资的规划环节，即缺少规划的实施环节，导致规划与建设脱节，规划难以执行，建设也搞不好。面对这类问题，首先需要制定融资与投资的动态规划，作为"静态"规划的有效补充，即城市政府根据各地资源条件、社会发展状况、经济发展阶段等因素对规划内容及现有资源进行系统统筹,综合考虑时间和空间的动态发展可能,科学制定资金投入、回笼与项目投建时序的匹配计划,落实规划的有效实施,同时保障开发建设资金充足。

安徽淮南以及广东韶关等城市积极运用系统工程的理论与方法进行决策,通过投融资规划解决了城市开发建设中的三道难题,即规划落实难问题,投资人和政府投融资风险控制难问题以及城市发展过程中各方利益兼顾难问题,实现了基础设施与公共设施的适度先行,从而提升了城市价值,并为产业的引入创造条件,使新城建设在追求经济效益的同时兼顾社会效益的有效实现。

(原载于《中国建设报》2008 年 7 月 24 日)

城市经营产业化战略

近年来，"城市经营"概念开始在国内广泛流传，通过"经营"可使城市获得竞争优势，抓住发展先机。由于经济发展带来了城市化进程的加速推进，对公共资源的需求加速增长，政府财政资源已经没有足够能力满足经济发展对公共资源的需求，通过产业化运作、增加公共资源供给是突破城市经济发展瓶颈的重要手段，用市场手段优化公共资源也成为当地政府的现实选择。

实际上，我国很多城市在经营城市和城市资源产业化方面都进行了大胆探索和实践，取得了良好效果，也遇到了一些障碍和问题。如何汲取教训、排除城市经营中遇到的障碍，是增强城市经营效果的重要课题。

目前国内多数城市没有明确的发展战略，而是沿用传统方式制定的"五年计划"或"十年计划"，缺少城市经营的内涵。珠江三角洲和长江三角洲地区的一些城市制定了城市发展战略，但都各自为政，城市定位严重趋同，结果必然是恶性竞争，不利于城市经济的发展。因此，制定城市发展战略应该充分分析城市面临的各种环境和具备的独特资源，结合城市的优势和机遇确定城市定位。在城市战略中应该突出城市特色和个性，创建城市品牌，使城市可持续发展。

实际上,一个量身定制的战略远远比千篇一律的战略高明。

重视软环境建设

城市软环境是指法律、体制、政策、文化、教育、政府服务和行为约束、政府职能和观念等。

加入世贸组织和城市公共资源体制的变革对调整中央政府和城市政府行为规范及政策法规提出了紧迫要求,在打破旧规则的同时需要尽快建立新的游戏规则。我国这方面已经取得了一些进展,比如在 2002 年国家计委等部门推出城市污水和垃圾产业化指导意见后,建设部委托大岳咨询公司进行了"城市公用事业特许经营制度"研究,并于当年末发布了公用事业特许经营指导意见,使各城市政府在运作污水和垃圾产业化项目时有章可循。

目前,交易成本高是制约很多城市发展的主要障碍,有些城市(尤其是落后地区)的工商税务人员贪赃枉法使投资人苦不堪言,潜在投资人望而却步,严重损害了城市形象,阻碍了城市发展。

规范城市经营方法

城市经营涉及很多公共资源,不同资源的经营方法和工具是不同的,但目的相同,就是提高城市经营效率,用最小的代价实现最大量公共资源供给。

随着城市经营范围的扩大,城市经营方法和工具需要不断创新。比如,针对污水和地铁等项目的非盈利特性,大岳咨询公司正在协助合肥市政府和北京市地铁集团研究公私合作模式(即 PPP[①] 模式)在这些领域中的应用。与BOT[②]方式相比,PPP 可以被更广泛地应用于公共资源的产业化,如学校、医院、博物馆等。大岳咨询公司协助北京市政府完成的北京第十水厂 BOT 项目,实施结果水价只是当初政府预测水价的一半,为改变我国建设项目概算超可研、决算超概算的痼疾提供了一条有效途径。

由于普遍缺少产业化经验,在公用事业产业化过程中出现了很多问题。如在某市一个水厂股权转让与回购过程中,尽管只有 1.25 亿元的交易额,却在不到 3 年时间里使政府损失近 1 亿元,这种情况在国内并不鲜见。分析这些案例,可以发现很多共性问题,主要是没有按照市场规则运作项目,在项目运作过程中不聘请专业咨询机构,另外,缺少前期研究和战略思考,暗箱操作,市政府缺乏运作经验和能力、缺少责任和约束机制等问题也很常见,而解决这些问题的根本途径就是规范化运作项目。

强化城市土地经营

土地收入是城市政府财政收入的主要来源之一,充分实现土地价值可以为城市经营提供资金支持。由于缺少土地经营的经验,各城市土地收入流失严重。如修建一条地铁,政府需要投入巨大财力,带来的沿线土地增值本可以用来补偿地铁建设资金不足,可由于政府管理不善,沿线土地提前被开发商买断,政府未能获得应得的收入。

2002 年国土资源部发布规定,禁止通过协议方式转让土地,从政策上堵住了土地管理的漏洞,但如何落实国土资源部的文件又成为各城市政府面临的新课题,有些城市还在变相通过协议方式出让城市土地。当年大岳咨询公司协助北京市政府完成了西红门经济适用房项目,通过规范的招标运作,使房价降为 2280 元/平方米,大大降低了房价水平。这种运作模式的创新,彻底改变了政府对土地价值的认识,受到了国土资源部领导和北京市领导的重视,也会有效将推动北京市认真执行国土资源部文件。

另外,政府通过控制城市规划,可以控制土地出让计划,适当推迟出让有升值潜力的土地,可以最大限度地实现土地价值。

警惕"开发区建设热"

开发区和建设大型综合开发项目一直是受到很多城市政府重视的新的经济增长点。应该说,开发区对城市发展起到了积极作用,如苏州工业开发区、浦东开发区等,但大部分城市建设开发区效果不理想,甚至有投入没产出。究其原因是开发区或大型综合开发项目没有特色,盲目招商,在招商失败的情况下,演变为地产开发项目。因此在建设开发区之前,给开发区一个明确的定位是必要的,根据定位配套建设开发区的软硬环境,增强对特定投资人的吸引力,形成产业聚集效应,这样开发区才能成功。最近,国内兴起了专业开发区热,应该说,这是一次进步,但很多城市沿用旧思路运作这些新开发区,是值得警惕的,否则还会走上失败的老路。

充分利用中介机构

城市经营是一个系统工程,涉及经济、社会文化和生态等方面,需要兼顾眼前利益和可持续发展。

中央政府已经意识到了整合社会资源的重要性,提出了"小政府大社会"的构想,并对政府机构进行了改革。但实现城市经营目标,光依靠政府的力量是不够的,必须整合社会资源,借助中介机构的力量。在必要时,需要聘请国际著名咨询机构。在这种背景下,专业化的中介机构将在城市经营中发挥越来越大的作用。

> 制定城市发展战略应该充分分析城市面临的各种环境和具备的独特资源,结合城市的优势和机遇确定城市定位

经过近 10 年的发展,我国已涌现出一批具有一定实力的中介机构,他们广泛参与了政府的基础设施融资、土地使用权出让、综合开发项目定位、政策制定等工作,并把公司服务对象定位为公共机构,成为市场经济的润滑剂。政府应该进一步培育这些中介机构,支持中介机构的发展。

值得注意的是,聘用中介机构时应该着重考察其相关经验、业务范围和优势,充分利用各种中介机构的优势,会起到事半功倍的效果。

(原载于《中国投资》2003 年第 5 期)

注：①PPP 是 "Public-Private-Partnerships"的简写，即"公私伙伴关系"或"公私合营"，是指公共部门通过与私人部门建立伙伴关系来建设和经营项目或提供服务。PPP 实质是一种制度安排，即公共部门和私人实体共同行使权力，共同投入资源，共同承担责任与风险，共同分享利益，从而共同完成生产和提供公共产品与服务的方式。

②BOT 是 Build-Operate-Transfer(建设－经营－移交)的简称。它是利用私人资金来承建某些基础设施项目的一种模式或结构，基础设施的建设传统上是由公营部门承办的。在一个 BOT 项目中，私营公司被授予特许权来建设和运营通常是由政府经营的设施，该私营公司还负责项目的筹资和设计，在特许期结束时，该私营公司将把项目所有权交回给政府。特许期的长短主要取决于需要多长时间该工程建成后的运营收入足以还清开发商的债务，而且使其付出的辛劳和承受的风险得到一定比例的回报。

地方政府需加强债务管理能力

近期，媒体纷纷报道一份由财政部牵头起草的有关加强地方政府债务管理的方案，已多方征求意见，并提交国务院等待批复，其中包含了地方政府发债的相关内容，表明中央政府可能有意放开地方政府发债的闸门。

有专家认为，允许地方政府在政府职能范围内、在还债能力限度内举债，不仅为科学鉴定和明晰地方财政收入的预算收支提供了条件，也使得地方财政体系条理清晰，责权利明确；此外，允许地方政府发债，有利于分离中央和地方政府的信用，地方政府也可根据地方发展规划，更加灵活地筹集资金，解决发展中存在的问题。与此同时，不少业内人士也对地方政府发债表示强烈质疑：一旦地方政府难以清偿债务的时候，中央政府财政就不可避免地成为"最后的支付人"，承担最后的清偿义务；实行地方发债同时也不利于产业结构的调整，在目前市场经济体制还没有完善的情况下，实施地方债有可能导致各地重复建设、盲目建设的局面再次出现。

面对可能出台的"发债"新政，地方政府应如何响应并有效加强其债务管理水平呢？

地方政府债务管理现状

尽管现行《中华人民共和国预算法》第 28 条明文规定,"地方各级预算按照量入为出、收支平衡的原则编制,不列赤字。除法律和国务院另有规定外,地方政府不得发行地方政府债券"。现实中,《预算法》的规定虽卡住了地方政府合法发债的闸门,却并没有挡住地方政府变相举债的脚步。为了偿还重重负债,地方政府往往被动"买单",由此带来的财政风险和金融风险难以估计,我国地方政府债务管理因此呈现出"债务负担重、风险意识差"的特点。

一、地方政府债务负担繁重

事实上,一些地方政府债台高筑,这并不是个别现象。据报道,目前我国地方政府债务至少在 1 万亿元以上,其中地方基层政府(乡镇政府)负债总额在2200 亿元左右。

各地政府的债务负担中既有经常性债务(赤字性债务),也有融资性债务(建设性债务);既有直接债务,也有间接债务(或有债务);既有显性债务,也有隐性债务。而各类变相地方债无外乎几种形式:一是绕开政策限制,成立国有公司,再以公司的名义进行融资。虽然债务人不是地方政府,但公司一旦发生债务危机,必定由政府承担支付责任;二是地方政府不惜违规,以政府信誉作担保为企业向银行贷款提供方便,却往往在市场变幻中损失惨重;三是地方政府运用其它变通手段间接举债。

一方面不能走正常程序发债,另一方面又曲线多元化举债所可能造成的后果,是地方政府承担的各种显性、隐性债务还将急剧膨胀。而地方政府的这些不规范发债或"准债务融资"行为,因缺乏法律依据,为今后建立有效的偿还机制和决策责任机制都埋下了隐患,极易酿成新的债务风险。

二、地方政府债务风险意识薄弱

根据多年为地方政府担当投融资顾问以及对各地具体情况的了解,大岳认为地方政府的债务风险主要存在于四个方面。

债务盘整不清。主要体现在：地方政府未将隐性债务列入政府债务范畴；地方政府债务未经过系统盘整，债务数量不明确。

偿债机制缺位。地方政府变相举债的做法和相应程序并不规范，而偿债机制也处于缺位状态。以通过投融资平台举债进行建设为例，比较多的做法是将马路、街道等大量不具备盈利能力的资产注入到建设投资公司一类的机构，使其资产规模虚大，但收入却接近于零，非但无法偿债，其资产也根本不能变现，最终难免导致资不抵债的结局。

履约意识薄弱。我国当前的地方官员是任期制，这种框架下，财政资金的使用有时被用于追求本地 GDP 的快速增长，用于形形色色的政绩工程、面子工程，而主管官员离任时则将大笔债务留给下任。新任官员上任后依旧专注于新的政绩工程，对于遗留债务却避之不及，由此形成了现任不管前任债的"履约不作为"状态。

经营意识淡薄。许多地方政府存在着盲目融资，大干快上，不讲求城市经营效益和真正需求的问题。用债务融资建设的资产并不具备真正的价值，即使是经营性的基础设施也随着经济波动大幅贬值，例如出具了虚假可行性报告的高速公路等，而政府经营意识淡薄的后果则是唯一不贬值的繁重债务。

地方政府亟待增强风险防范意识

地方政府发债的一个隐含逻辑是，快速发展城市建设需要大量投入，而融资建设的受益者是后人，由后人偿还债务也合乎情理。这个大逻辑没有错，但需要大量的配套措施、政策环境甚至是经济文化来支撑，否则这个逻辑就会变成一个危险的工具。因此，打开地方政府发债的闸门需要做好几件事情：

一是理清城市资源，对自身债务进行通盘考虑。

首先要将隐性债务显性化，衡量发债的自身承受能力，包括是否能够解决"谁来发债、由谁购买、怎样批准、如何控制、用在何处、怎样偿还"等诸多实际操作层面的矛盾问题。而要解决这一系列问题，则必须理清城市资源，明确产权关系。

二是提高城市经营水平,明确城市发展的真实需要和发展速度。

各地政府需要加强城市经营意识,理性分析城市发展的需要并依据经济社会发展现状确定发展进程,杜绝盲目举债、大干快上。

三是提高政府信用,做到举债过程公开透明。

政府债券的购买信心来自政府信用,改变"一届政府一套政策"的局面是提高政府信用的一个基本前提。此外,要构建起高效运转可监督可监管的透明财政体系。政府举债多少、干什么事、收支如何等,做到公开透明,让公共社会拥有切实的参与权、监督权和知情权。

四是加强监督,规范债务管理。

地方政府作为一个行政主体,要加强履约意识,建立包括约束机制、信用评级、审批制度、预警系统等在内的一整套系统化的监督管理体系,实行科学规范的政府债务管理,确保政府举债"取之于民,用之于民"。

五是加强宏观经济环境波动风险的管理。

在中国快速城市化的大背景下,政府发行的债务资金大规模投向城市基础设施,其资金回收很大程度上依赖于城市开发后带来的土地、税收等方面的财政收入,使得地方政府的财政状况与宏观经济波动建立起更加紧密的联系,可能产生更大的波动,因此,必须提高对宏观经济环境的监控能力,并时时做好应对准备。

> 地方政府发债的一个隐含逻辑是,快速发展城市建设需要大量投入,而融资建设的受益者是后人,由后人偿还债务也合乎情理。这个大逻辑没有错,但需要大量的配套措施、政策环境甚至是经济文化来支撑,否则这个逻辑就会变成一个危险的工具

总之,地方政府的行为虽然不能因为发债变成以盈利为目标,但是政府必须更加讲求城市经营的效益问题,否则,通过发债来扩大政府投资能力,只能是饮鸩止渴。

（原载于《中国建设报》2008 年 11 月 13 日）

第二章

投融资规划的理论与方法

通过投融资规划优化城镇开发流程

　　城市开发是一项复杂的系统工程,传统两阶段(规划设计—城市建设)开发模式由于缺少资金统筹环节,容易导致城市规划与建设脱节。投融资规划是在城市规划完成后,试图运用系统工程方法,从操作层面上解决城市开发的资金和建设统筹问题。该方法优化了城市开发流程,对政府决策有一定的指导意义。

一、引言

城市规划是按照系统科学思想,将城市功能正常运转所需要的各种要素进行优化布局的过程,城市规划完成后、城市建设实施前,需要事先进行统筹考虑,尤其是对关系到实现城市基本功能的基础设施、公共设施,更应该站在投融资角度进行统筹考虑。否则,很容易出现城市功能不配套、"城中村"等问题。

　　传统的两阶段(规划设计—城市建设)开发模式难以改变现实"重规划、轻实施"的城市开发局面。本文提出了城市开发的三阶段(规划设计—资金统筹—城市建设)模式,建议政府在资金统筹阶段,通过专门的投融资规划来优化城市开发流程,形成系统的城市开发方案。

二 、城市开发的三阶段模式

根据系统工程方法,将城市开发作为一个整体来考虑,主要包括规划设计、资金统筹、城市建设三个阶段:

| 规划设计 | 资金统筹 | 城市建设 | 运营管理 |

图 1　城市开发的三个阶段

规划设计　该阶段依据城市规划编制的相关法规的规定,由政府委托专业机构来完成。

资金统筹　该阶段政府应该聘请有投融资经验的专业咨询机构制定投融资规划,明确资金需求、投资主体,选择融资方式,分析资金平衡条件等,为落实规划设计奠定物质基础。

城市建设　该阶段主要是通过具体的建设开发主体来实现,由管委会或办公室负责指导和监管,是整个城市的具体建设阶段。

目前许多政府在城市开发中忽视资金统筹,缺乏系统性的思考和决策,经常会出现有资金而无全局统筹谋划,或者有统筹理念而无资金支持的尴尬局面。

三、资金统筹阶段缺失引发的问题

目前城市开发中,不少地方都采取的是两阶段(规划设计—城市建设)开发模式,城市开发者对资金统筹不够重视,或者不具备相关专业知识和能力,在实施过程中凭直觉行事,给后期的建设留下隐患,在实际城市开发过程中,一般有开发商统筹、政府统筹两种方式,不同方式存在不同的问题。

1. 在开发商统筹下存在的问题

政府在缺乏资金的情况下,有时会直接将整个新城开发的任务交给"城市运营商"来完成,以邛崃新城的"C－BOT"①模式最为典型。邛崃市政府委托企业对新城以 BOT②形式建设经营 50 年。企业负责城市新区基础设施建设,作为回报,城市新区公共事业特许经营权和部分经营性项目(包括土地)的收益权归企业所有。表面看来,这种做法似乎缓解了建设资金供需矛盾,但实际上城市开发是一个将城市系统优化提升的价值在政府、开发商和公众之间进行分配的过程,开发商的逐利性,使得城市开发公共目标和开发商利益之间有着根本冲突,开发商无法作为一个公平、公正的角色处理好政府、开发商和市民之间的关系,最终邛崃模式以失败而告终。

2. 在政府统筹下存在的问题

在城市开发中,有些政府经常会将城市整体开发拆分成单个项目,力求实现各个项目的局部平衡。这种操作方式,如果缺乏长远系统的考虑,就容易导致城市开发系统实现了局部最优却无法实现整体最优的局面,随着建设的进行,各种问题会逐渐出现,政府难免"头痛医头、脚痛医脚",如某地文体中心建设过程中,由于政府没有建立合理的开发计划,在项目周边甚至项目用地范围内的土地都被低价出让出去以后,才开始项目的建设,通过周边土地增值收益回收项目建设投资的设想最终化为泡影,并且随着征地拆迁补偿标准的不断提高,项目的建设成本也不断攀升,最后该项目建设内容不得不大幅缩减,而且大部分建设投资需依靠政府公共财政投入。

城市开发是一个系统工程,它的系统性体现在两个方面,建设项目本身的系统性和开发过程的系统性,客观上需要以资金、建设为主线进行统筹规划,既要明确城市开发资金需求、使用、来源等资金平衡问题,还应进行建设的统筹,比如确立合理的开发计划等。

四、通过投融资规划进行资金统筹

1. 什么是投融资规划

投融资规划是政府进行资金统筹的决策参考。它以城市规划为依据,通过

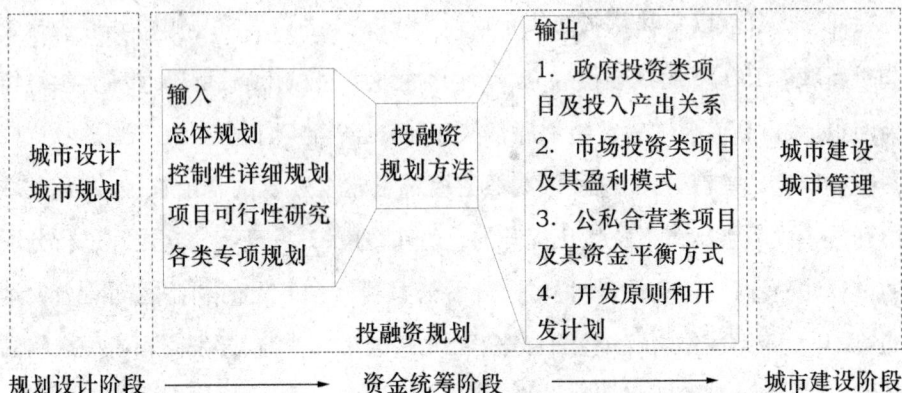

图2　投融资规划分析系统示意图

确定资金统筹范围,区分公共产品供应方式,根据土地开发和项目建设需求,进行融资方式和建设模式的选择;并为政府综合利用财政和市场力量,系统解决城市建设中的资金来源、投向、投放次序和回报方式问题提供决策分析。

　　将投融资规划当作一个系统来看,其输入是城市规划,包括总体性规划、控制性详细规划、各类单项规划以及项目可行性研究等,输出是可操作性的城市建设指南,包括分清市场和政府的界限、明确项目边界及其投入产出关系、评估项目和项目之间的投入产出平衡关系,并根据反馈调整边界,使得系统及子系统达到平衡。

　　投融资规划解决的是规划如何实施的资金统筹问题,在规划基础上,投融资规划将城市开发分解为各类项目:政府投入类项目及其投入产出关系;市场投资类项目及其盈利模式;公私合营类项目及其合作关系与原则。

　　2. 投融资规划方法

　　城市开发的统筹不是抽象的,总结各地方政府城市建设的成败经验,要实现建设的有理、有序、合法、合规,需要通过投融资规划来对城市建设进行总体把握。根据不同城市的建设状态和管理者的需求,投融资规划所涉及的内容也不尽相同。一般而言,投融资规划方法主要包括以下内容:

　　(1)建立市场化的规则和边界。明确市场化与政府操作的界限,是利用各种社会力量推动城市建设的基础。从收益空间上看,公共物品可分为全国性公共物品和地方性公共物品,根据公共物品的性质,政府应该明确在不同的建设开发阶段,分别由哪级政府负责项目投入;而对于准公共物品应该引入社会企业参与建设,这就需要明确各个项目的盈利方式和边界条件,说清楚作为参与项目的企业,可以通过什么方式获得回报。

(2)明确集约节约用地的方案。应该建立合理的农民安置方案,进行村庄改造和土地整理,实现集约节约用地,并避免出现城中村。

(3)明确公共设施建设资金来源和回收方式。城市建设需要大量的资金,在城市建设中需要科学分析各种市政/公共设施的建设成本与土地开发收益,并采取合理的成本分摊方式,以确保政府通过银行贷款和社会资本获取资金来源后,能够从经营性用地出让或其他途径中得到回收。

(4)合理安排开发建设计划。城市发展有其自身的规律,土地和各项目开发计划的合理安排,关系到区域价值能否得到最大限度的提升,这也是保证城市建设各子系统进行有机协同的关键。

> 投融资规划解决的是规划如何实施的资金统筹问题,在规划基础上,投融资规划将城市开发分解为各类项目:政府投入类项目及其投入产出关系;市场投资类项目及其盈利模式;公私合营类项目及其合作关系与原则

(5)实现城市开发系统的平衡。一方面要实现系统整体的投入/产出平衡,另一方面要实现各利益主体的利益均衡。土地产权性质的改变和市政/公用配套设施的建设,实际也是一个"投入—价值创造—利益再分配"的过程,在这个过程中,要想保持整个开发系统的和谐稳定,必须实现系统整体的投入/产出平衡以及政府、开发商、村集体、农民之间的利益均衡。

五、投融资规划在长阳镇开发建设中的应用

长阳镇是北京市房山区的一个小城镇,面临着 9.17 平方公里的城镇建设

任务,整个城市开发需要投入 50 多亿,仅靠镇政府和上级政府的财政投入是远远不够的,为了完成规划目标,建设生态宜居小城镇,镇政府委托大岳咨询公司进行了投融资规划设计,力图在现行政策框架范围内,合理解决长阳镇的城镇建设资金统筹问题。

1. 明确市场—政府界限,确立镇政府的职责

(1)政府统筹建设项目分析。在市场经济转轨阶段,面临城市建设环节容易发生政府角色错位、缺位的情况,根据公共物品的性质和特点,投融资规划首先明确市场界限,把可以由市场操作的项目和必须由镇政府操作的项目进行了区分,明确了镇政府在长阳镇小城镇建设中的职责。

表 1 长阳镇市政/公共设施建设项目分类

分 类	性 质	举 例	投资主体	说 明
乡镇统筹类	全国性公共物品	中小学、乡镇医院、文化体育设施、福利院	区、镇政府	属公益性社会事业、不能等、靠上级财政支持
	乡镇性公共物品	乡镇主次干路、市政管网、绿地公园 污水处理厂、水厂、变电站、垃圾处理设施等	镇政府	形成土地一级开发的基本条件,能明显改善区域发展环境
	其它公共物品	跨镇城市道路	区、镇政府	受益空间已经远超出本城镇,但又对本城镇开发有很大的影响
市区统筹类	全国性公共物品	泄洪区控制、河道治理水库防护绿地控制	市、区政府	主要为保护北京市城市公共安全而作出的牺牲
市场投资类	一般市场商品	住宅、商业、办公房地产	房地产开发商	在市政基础设施配套较为完备之后的商品房开发
	社区性公共物品	小区幼儿园、小区绿地、社区服务中心	房地产开发商	服务范围、受益空间有限、开发配套性项目

（2）确定镇政府统筹建设项目的资金需求。在已有的总规、控规和项目可研的基础上，根据初步测算，长阳镇 9.17 平方公里的镇区建设，需由镇政府统筹考虑建设市政基础设施、公共设施项目约需 16.5 亿元，平均每平方公里建设投入约 1.8 亿元。详见表 2。

表 2　近期需镇政府统筹建设的资金需求

序号	建设项目	建设内容	建设投资 （亿元）	比　例 （%）
1	市政道路	30 条市政道路	9.8	60
2	其他市政设施	供水厂、污水厂、中水处理及主管网、变电站、垃圾中转站	2.2	13
3	公共设施	中小学、医院、体育场	4.5	27
总　计			16.5	100

2. 节约集约用地，细化村庄搬迁改造方案

长阳镇目前大部分区域基本上都还是典型的农村面貌。根据长阳镇总体规划，在村庄改造问题上，投融资规划方案提出了对镇区规划内土地所涉村庄以村为单位、整体搬迁、分地块分摊改造成本的做法。

以规划为依据，以城乡统筹、构建和谐社会为原则，方案进一步落实了拆迁改造费用来源和安置区土地供应方式，通过政策提供相关支持，确保农民既能够住上不低于原居住面积标准的楼房，还能通过集体经济剩余贴补部分上楼居住费用，从而充分调动了村集体参与城镇建设自主性和积极性。另外，整体搬迁的方案，还可以有效避免城中村问题，为城镇未来的发展预留空间。

从节约集约用地来看，目前落实镇区规划共涉及 25 个行政村，人均建设用地面积高达 226 平方米，粗放用地现象很突出。通过土地整理，将农民纳入到城镇社区或新村中来，人均所占建设用地面积可至少降低至 150 平方米，共节约 1.25 平方公里建设用地指标，按其中 50% 的土地可用于出让、容积率为 1.5 来计算，可建设房屋约 100 万平方米。按照房山区现有出让土地招拍挂平均楼面熟地价 1450 元/平方米计算,出让收入为 14.5 亿元,可以有效实现土地节约集约利用。

3. 明确资金来源和回收方式

提供诸如学校、医院、道路维护、文化体育场馆等产品,以及通过利益平衡实现社会公平,是地方政府的职责所在。但是"巧妇难为无米之炊",乡镇政府要兴建城镇,在上级政府未提供足够财政支持的情况下,只能考虑通过镇区土地本身来回收开发成本。长阳镇采取的是分地块开发方式,每个地块的开发成本理应打入来源于该地块的出让收入,以求实现城镇开发自身资金平衡。

(1)首先应该考虑市政/公共设施建设的成本如何分摊。方案按照谁受益谁分摊的原则,根据服务范围在相应地块之间进行成本的分摊。

举例来说(图 3),镇级完全中学,服务半径为镇区 B、C 地块,则其建设成本应在 B、C 地块分摊;军庄小学和杨庄小学分别单独服务于 B、C 地块,则建设成本分别在相应地块内分摊。

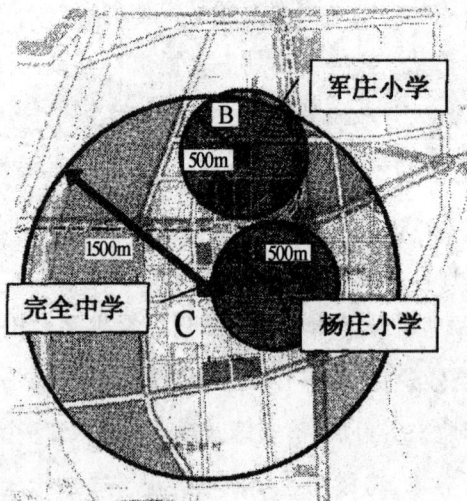

图 3 镇中心区中小学建设成本分摊

(2)其次要考虑土地征收、村庄改造的成本分摊。村庄整体拆迁改造成本在镇区规划占该村土地面积内进行平摊,以军留庄村为例,该村整体拆迁改造费用1.9亿元,在镇区建设占该村的687亩土地内进行分摊。

4. 建立合理的开发计划

为实现区域经济社会效益最大化、可持续发展的目标,我们建立了如下开发原则:

(1)市政基础设施先行,配套公共设施与房地产项目同步,环境工程优先开发;

(2)优先开发对区域发展有较强带动作用的项目,并进行配套的市政基础设施、公共设施建设;

(3)村庄整体搬迁改造与房地产开发同步,待镇区开发具备一定规模再实施村庄整理,避免出现因征地、村庄改造费用高而影响镇区开发的情况。

5. 通过资金统筹实现开发系统平衡

(1)城市开发系统本身有可能实现投入产出的平衡,经过测算分析,长阳镇建设开发实现自身平衡具有较大可能性。将镇政府统筹的市政/公共设施建设成本、村庄改造成本、征地成本及其他成本,在镇区可出让的经营性土地集中进

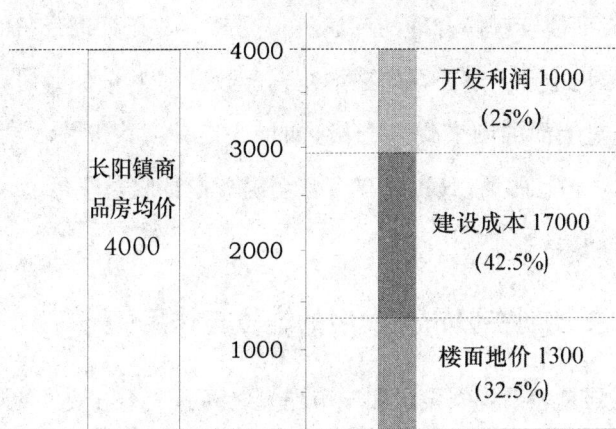

图4 长阳镇土地出让价格市场接受能力

行分摊,土地出让参考价折合成楼面地价,平均约为 1300 元/平方米。通过图
4 可以看出,参考楼面地价占商品房售价的 32.5%,可以保证合理的开发利税,
能为市场所接受。

(2)城市开发系统中,各利益主体能够实现利益均衡。镇政府通过投融资
规划对城镇开发进行资金统筹,可以实现各相关利益主体的利益均衡,有利于
城镇开发系统的优化:

第一,农民的利益得到了保护。既使农民改善了居住条件,又通过集体经
营获得部分分红用于农民生活补贴。

第二,政府履政能力得到了加强。通过明确镇区 16.5 亿元的市政/公共设
施建设资金来源与回收方式,有利于政府提供完备的城镇公共设施服务,满足
城市运营的配套需求;上级政府也可以得到大型基础设施项目的建设资金,根
据资金统筹,上级政府可获得土地出让金及基础设施建设费 20 多亿元,能够用
于支持区域建设。

第三,村集体经济获得了运营资本。村集体获得几千万乃至数亿的土地补
偿费,可以用来建设门面房或进行其他投资,门面房的租金收入或其他投资收
益由各村集体支配,能够用于补贴转居村民的水、电、气等生活成本。

第四,开发商能够获得合理的利润。根据第一财经日报公布的数据,2005
年上半年 53 家房地产上市公司的平均净资产收益率为 6.64%,折算成年率是
13.26%,而通过上面的图表保守分析,如果假定开发商开发—销售周期为 3
年、自有资金为 40%的话,其税后自有资金财务内部收益率可超过 13%,能够
满足市场要求。

六、投融资规划在城市开发中的地位与作用

投融资规划是联系规划设计和城市建设之间一个不可缺少的环节,对于完
善城市开发体系有着承上启下的重要意义。具体来说,投融资规划有以下四个
方面的作用:

1. 投融资规划可作为落实和完善空间规划的重要手段

从实际情况来看,很多好的规划难以实施,资金是很重要的制约因素。地方政府作为城市开发管理者,通过资金统筹可以有效地安排市政/公共设施项目建设计划,平衡各方利益,从全局出发落实区域规划,优化空间结构,实现城市发展目标。

资金统筹与规划设计、城市建设之间是通过信息的相互作用来实现相互影响、相互控制的。投融资规划从资金角度对城市规划的实施进行了分析、评价,可以为规划的完善和修订提供反馈信息,并直接为建设工作提供指引。

2. 投融资规划可作为政府规范建设工作的决策指南

政府必须规范化运作城市项目,才能做到规避风险,保障政府和公众利益,城市开发投融资规划是政府规范操作的重要指南。通过明确各类建设项目的边界条件,界定政府在城市建设的角色,既为城市开发的市场化运作提供决策参考,又为实际的招商引资提供便利。在资金方面,无论是上级政府拨款,或是提供信贷担保,亦或吸引社会或私人资本参与,投融资规划都提供了可遵循的操作指南。

3. 投融资规划可作为争取政府及各部门支持的参考

在目前的财政体制之下,区县、乡镇政府可支配财力有限,很有必要争取上级政府在财政、政策方面的支持。2004 年国家土地新政(即《国务院关于深化改革严格土地管理的决定》)特别强调政府要严格依法行政,要按规矩办事。在这种情况下,原有不规范的"土地财政",需要进行透明化操作,并在上级政府监管下运作。投融资规划为上级政府的财政转移支付提供了参考。

4. 为政府的土地开发和出让方案编制预留接口

对土地一级开发中所包含的项目和出让中应该分摊的成本进行分析,可以为后期的土地开发方案和出让方案的编制提供参考,从而使政府在城市开发中的统筹决策体系具有更强的操作性。

(原载于《系统工程理论与实践》2007 年第 3 期)

注:①C—BOT:是城市建设的 BOT 模式,即 City-Build-Operate-Transfer(城市—建设—运营—移交)。

(BOT 及相关解释:北京大岳咨询有限责任公司,《BOT 项目运作手册》)

②BOT 是 Build-Operate-Transfer(建设—经营—移交)的简称。它是利用私人资金来承建某些基础设施项目的一种模式或结构,基础设施的建设传统上是由公营部门承办的。在一个 BOT 项目中,私营公司被授予特许权来建设和运营通常是由政府经营的设施,该私营公司还负责项目的筹资和设计,在特许期结束时,该私营公司将把项目所有权交回给政府。特许期的长短主要取决于需要多长时间该工程建成后的运营收入足以还清开发商的债务,而且使其付出的辛劳和承受的风险得到一定比例的回报。

　　新城建设是个系统工程,其复杂性主要体现在新城建设各方面的协调与配合,不是简单的线性关系,建设次序、开发深度的不同都会导致建设结果的很大差别。因此,新城开发的建设管理是摆在政府和投资人面前的新课题。

　　大岳咨询公司为中铁四局提供的合同管理咨询就是针对复杂系统的合同管理所做的一项有益工作,受到客户的赞誉,为此中国投资特邀项目投资方相关负责人和大岳公司项目经理对其进行了解读,相信会给新城和开发区的建设管理者带来启示。

用投融资规划方法指导新城建设

投融资规划方法的基本原理

　　新城开发的投融资规划方法,实际上是系统工程在新城开发上的应用。新城的开发和建设,是一个复杂的系统,从大的流程环节讲,开发过程包括了城市的土地一级开发、房地产二级开发、各类公用设施和公共服务设施的引入等;从主体分类来讲,涉及的主体包括一级开发商、二级开发商、市政府及市政府下属的诸多职能部门、广大的城市居民等;从政策层面,则涉及的内容更是纷繁复杂,包括规划政策、土地政策、环保政策、财政政策、投资政策、税收政策、各类基础设施的建设规范、招投标法等。

　　这个系统实际上是由众多相互联系的子系统构成的,不可能由一个独立的投资人包揽,在新城开发中,开发商选择不同的子系统,投入产出模式也会不一样。开发商能够做好的,就是投入产出模式比较容易界定清楚、能够出经济效益的部分。其它一些子系统可能经济效益不明显,但社会效益很突出,这些事情就应该由政府来做。投资于新城开发实际上是在这个大系统中,选择一个子系统由投资人来封闭运作,大系统的其它部分则成为这个子系统的外部环境。

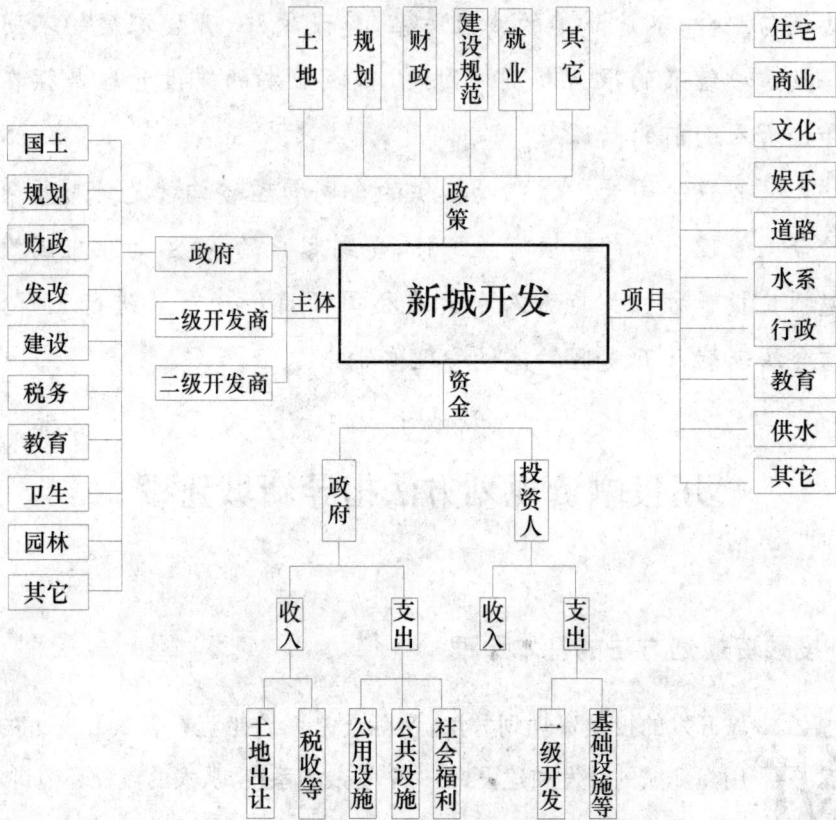

政策:土地、规划、财政、建设规范、就业、其它

主体:政府、一级开发商、二级开发商

左侧:国土、规划、财政、发改、建设、税务、教育、卫生、园林、其它

新城开发

项目:住宅、商业、文化、娱乐、道路、水系、行政、教育、供水、其它

资金:政府、投资人

政府——收入:土地出让、税收等;支出:公用设施、公共设施、社会福利

投资人——收入:一级开发;支出:基础设施等

　　投融资规划方法的第一项工作,就是通过事权的划分,将新城开发这个大系统中,应当由投资人运作的子系统划分出来,事权说清楚了,子系统的投入产出模式以及与系统外部环境的关系就说清楚了,双方的合作关系就能够比较清晰,有利于建立一个顺畅的合作机制。

　　投融资规划方法的另一个重要作用,就是从风险规避和资金统筹的角度,指导规划的实施。新城开发的最终成果,实际上是将规划从纸面变成现实,新城开发不同于单个地块的开发,风险要大得多,一是要面对很大的开发区域和投资量,二是涉及到各种不同性质的项目,先开发什么区域、后开发什么区域、每年开发多大的区域、各类项目启动的顺序等等,对于投资效率、融资模式、资金链的合理规划,都将产生重大的影响。投融资规划方法包含一套完整的规划分析和财务分析模型,在投资人与政府之间建立的分工和合作机制的基础上,结合新城的实际情况和对规划的详细分析,建立一套合理的开发时序,并运用财务分析模型对开发时序进行分析和调整,使投资人和政府对开发过程中,将要面对的投资强度、投资风险有一个清醒的认识,制定一套合理的财务规划方案,以确保新城开发的顺利实施。

以下,我们就结合淮南山南新城投资合作协议起草过程中涉及到的一些重要问题,介绍一下投融资规划方法在合同管理过程中的实际运用。

双方的投资范围

根据淮南市山南新城的相关规划,双方在山南新城的首期合作区域,是一个以居住功能为主的新城区。

淮南市政府和中铁四局在起草合作协议时,面临的第一个问题就是中铁四局的投资范围应当包含哪些项目,由于规划中涉及的项目类型很多,实际上边界划分的弹性很大。

结合各类项目的性质和在新城开发过程中对于实现城市功能的作用,我们将其分为几个层面,一是面向单块土地的一级开发工作和储备工作,包括征地拆迁、七通一平,由投资人开发是目前常见的方式;二是在单块土地一级开发基础上,保障和提升整个区域开发基础条件的建设项目,如公共水系、公共绿化等项目的建设,可以看作区域一级开发范畴内的内容;三是实现城市服务功能的各类公共设施和公用设施,如行政办公、学校、医院、邮政、供排水设施等,这类设施的建设和管理完全属于政府的公共职能,难以市场化运作;四是二级开发工作,根据国家的法律规定,需要通过土地市场,由二级开发商实施。

基于上述的认识,双方最终确定,中铁四局的投资范围确定为区域一级开发的内容,包括了征地拆迁、道路及基础管网、部分水系及公共绿化的投资和建设。以此为基础,双方围绕上述投资范围建立合作机制。

合作协议对双方建设计划的共同约束

在确定了中铁四局投资范围后,合作协议的下一个重要工作就是要明确新城开发的计划进度。

在上述投资范围划分中,中铁四局完成的是土地一级开发,道路、水系、公共绿化的建设,这些工作的完成,使得城市土地具备了基本的开发条件,实现区域的基本成熟,但是新城开发不是单个地块的开发,要使整个城市的功能走向成熟,还需要学校、医院、行政办公、邮电等各类公共设施的建设,才能使投资人开发工作的价值真正体现出来,实现城市功能成熟的最终目标,而这些,是政府方面应当完成的工作。

另外,双方的上述工作是需要相互配合的,一方面政府项目的建设计划需要基于投资人土地一级开发工作的完成;另一方面,如果投资人完成土地一级开发工作后,土地不能够及时出让,或政府的周边配套项目不能及时完成建设,

则投资人投入土地一级开发的资金将产生闲置,无法及时产生效益,从而导致资金成本增加。

因此,双方在起草合作协议时,一方面利用投融资规划方法确定投资人的投资深度和范围,并制定投资和建设计划;另一方面也在协议中明确了政府的工作要求和计划。

这一点,对于树立投资人的投资信心,理顺双方下一步的合作,具有重要的意义。

双方的合作机制

正如前面提到的,山南新城的开发中,政府和投资人需要在各类项目和工作上进行对接,并且实施过程是长期的,这一合作过程中将遇到许多预料不到的实际问题,并且无法通过一份协议穷尽并解决,因此,起草合作协议必须要做的一项重要工作,就是要建立双方的合作机制,通过合理的接口和机制来保障双方工作的衔接。

传统的城市开发过程都是由政府完全主导的,有的职能能够通过市场化运作,交由投资人实施,有的职能则属于政府行政职能,需要由政府完成。在淮南山南新城的开发上,区域的一级开发和部分基础设施建设工作可以由投资人完成,但是投资人

> 投融资规划方法的一项工作,就是通过事权的划分,将新城开发这个大系统中,应当由投资人运作的子系统划分出来,事权说清楚了,子系统的投入产出模式以及与系统外部环境的关系就说清楚了,双方的合作关系就能够比较清晰,有利于建立一个顺畅的合作机制

完成土地一级开发工作,需要与政府部门的各种职能进行对接,如土地、规划、建设等部门,而且完成土地一级开发工作后,土地上的各类公共项目需要由政府相关部门实施建设,才能实现城市配套设施的完善。简而言之,投资人实施的土地一级开发工作,是城市开发工作的起点和基础,而政府的各项公共职能,则是投资人工作的外部环境,各个审批环节是一级开发子系统与政府公共职能

这一大系统的接口和界面,政府完成各类公共服务设施的建设是这一子系统实现价值的必备条件,这一合作关系是双方建立合作机制的基础。

在这种认识的基础上,双方最终达成一致,根据为整个项目建立的开发计划,在各种立项、规划、建设、审批、监督、共同验收、资金回收等环节上,对中铁四局的义务和政府的支持工作作出了明确规定。

同时,合作机制的实现还需要配套的机构。为了实施山南新城的开发,淮南市政府专门成立了山南新城建设指挥部,下设土地、规划、建设等各个政府职能部门。

而中铁四局集团公司也专门成立了项目公司,配备专门的班子,与集团的其它工作相分离,并就投资、建设、土地等各项工作成立了专门的部门,与山南新城建设指挥部的下属相关部门对接。

双方为了顺利推进山南新城开发项目,以合同约定的形式成立开发协调机构,并就日常工作和重大事项作了事权划分,分别成立了日常工作组和重大事项协调领导小组,以定期会议的形式解决衔接配合问题。

解决投资和融资问题

(一)项目融资问题

在本项目的融资问题上,双方曾有过较多的争论,投资人认为自身在本项目的融资上,应当采用项目融资方式,以项目本身形成资产作为融资担保,而不应由股东进行融资担保,而政府则希望在本项目上,中铁四局集团为项目提供担保。

实际上,我们应当从双方的共同目标上来寻求这个问题的解决办法。新城开发项目投资额巨大,投资周期比较长,资金链的断裂将导致开发工作的停滞,因此政府希望投资人有充分的投资和融资能力,保证投资进度的实现;而从投资人角度来讲,如果资金链断裂,自身的投资收益也将受到损失,还面临违约的风险,因此,也不希望在融资问题上出现差错,同时,由于投资和融资额巨大,股东如果为项目提供担保,则失去了成立项目公司的意义,面临长期的或有风险。

因此,为了解决这个问题,我们建立一套财务评价模型,根据项目可能的开发计划,充分评估项目的投资和资金回收情况,分析项目可能需要的最大融资额度和需要配备的资本金额,在此基础上,与政府和金融机构共同制定合理的开发计划和融资计划,使双方的目标都能够得到实现,最终双方同意采用项目融资方式解决本项目的融资问题。

(二)资产权益和融资担保问题

为了完成项目融资,银行需要以投资人投资本项目的资产作为抵押,并需要对投资人回收的资金进行监管。淮南新城的开发上,投资人投资的对象是土地一级开发,一级开发工作完成的土地是一种比较特殊的资产,其所有权属于国家,而使用权尚未经过土地市场出让,也不能归属于投资人。因此,双方在探讨合作协议时,政府最初不同意将本项目土地一级开发完成的土地用于投资人抵押,为投资人实施项目融资带来了困难。

实际上,根据双方的约定,土地出让后,政府将返还一部分土地出让收入给投资人,以弥补投资人的投资成本和回报。也就是说,投资人拥有土地的部分收益权,这部分权益是可以由投资人用于项目融资质押的。

这个问题解决后,又涉及到在操作中如何实现的问题,由于土地资产的特殊性,土地出让收入是由土地受让者直接上交给土地部门的,并不直接交给一级开发商,导致银行无法直接监管项目的资金回收。

因此,在项目融资问题上,政府必须要提供充分的支持才能够完成融资工作,一方面,政府应当允许投资人将土地收益权用于融资抵押,另一方面,政府需要允许金融机构对于土地出让收入的支配流程进行监督,才能真正满足金融机构对于资金回收安全的要求。

小 结

中铁四局集团与淮南市政府在山南新城投资建设上的合作是一次创新性

的尝试,特别是投融资规划方法的引入,对充分发挥双方的优势,提高城市开发的成功率,起到了十分积极的作用。经过近一年时间的共同研究,中铁四局集团与淮南市政府已经就淮南山南新城开发的合作条件基本达成了一致,双方正在就下一步的具体工作进行协商,相信在不久的将来,这一合作的积极成果即将显现。

【项目背景】

淮南市是全国重要的煤炭产业基地之一,也是安徽省北部的中心城市之一。为解决老城区人口和居住密度过高的问题,打开城市的发展空间,2004年,国务院将合肥市长丰县北部7个乡镇划入淮南市。区划调整后,淮南市政府着手开发淮南市山南新城。

中铁四局集团作为国内知名的大型工程施工企业,业务范围涉及轨道交通、高速公路、桥梁、隧道、城市道路、市政公用设施等众多基础设施领域。根据公司提出的战略目标,中铁四局集团立足于自身在基础设施建设领域的丰富经验和良好信誉,向建筑业上下游和相关产业方向拓展业务,特别是与基础设施和房地产相关的投资业务。目前,中铁四局已经在合肥市、淮南市成功开发了多个房地产项目。随着业务范围的扩展,中铁四局集团开始进军城市开发这一更为综合、前景广阔的新领域,淮南山南新城项目就是中铁四局集团进军该领域的第一个项目。

2006年7月,中铁四局集团公司与淮南市政府签署了开发淮南山南新城的框架协议,由中铁四局开发山南新城一期约10平方公里土地。同时,双方均认为有必要在框架协议基础上,起草一份更为详细的投资合作协议,确定双方在开发过程中的权利和义务。

但在起草协议的过程中,双方在分工、投资人的投资范围和深度、合作机制、项目融资等多个问题上产生了分歧。究其原因,双方均认识到,新城开发是一个复杂的系统工程,有必要对整个项目进行系统地分析和规划,才能够使双方统一思想认识,建立顺畅的合作机制。

因此,中铁四局集团经过多方了解,聘请了在新城开发方面拥有丰富经验的北京大岳咨询有限公司,应用投融资规划方法对山南新城的开发工作进行分析,以指导山南新城项目的合同管理,包括合同的起草和实施。

（原载于《中国投资》2007 年第 7 期）

城市开发演进管理的决策支持方法

开发时序直接影响到城市开发的效果，传统做法上，对开发时序的考虑多停留在概念和定性层面。本文采用开放复杂巨系统工程的方法，采取定性和定量结合、理论与实践结合、政府与市场结合以及专家与模型结合的方式，探讨了城市开发这一开放复杂巨系统演进的管理问题。根据对数据和模型的探讨，结合其他城市开发建设的经验，设计出了城市开发决策模型，有效地解决了城市开发的时序评价和决策问题，并且在淮南市山南新区的开发工作中得到应用。

一、引　言

城市是开放的复杂巨系统，城市开发管理问题本身是城市演进管理问题的一部分。城市开发的管理目标是有序推进投资和建设，落实城市规划，实现城市的可持续发展。我国现行城市规划体系包括城市总体规划、城市的分区规划、城市控制性详细规划、各个地块的修建性详细规划、具体项目的施工图设计等，城市规划侧重于对最终城市建设成果和目标的控制，缺少对落实规划过程的有效控制。针对国内新城开发建设过程规划失控、缺少统筹等现实问题,李伟等提出,城市规划和城市建设之间缺少一个资金统筹的环节,建议在规划和建设之间增加资金统筹运用的规划,并将其定义为投融资规划。

通过近两年的城市开发建设的决策咨询工作实践,我们认为,过去的资金统筹规划方法在划分城市建设过程中的投资边界,进行综合平衡分析方面的做法是科学合理的。但该方法主要是静态方法,注重整体平衡结果的讨论,虽然该方法对城市开发过程的管理具有指导意义,但很难模拟并控制开发过程中政策、供需等众多影响因素不断变化的客观实际。导致上述问题的主要原因在于静态方法没有针对选定的开发建设时序进行评估,使得方法在指导实际工作时有很大的局限性。

本文在李伟等工作的基础上,在淮南新区投融资规划的工作中,利用钱学森先生开放复杂巨系统系统工程的综合研讨厅方法,提出了城市开发的动态决策支持模型,增加了动态决策支持的内容,并通过基于规划的土地评价模型,建立了内生的地价成长模型,也就是,把开发时序作为输入变量,地价输出作为结果,这组输出结果构成财务模型的输入变量。开发时序不同,输出结果也不同。通过比较不同时序下的输出结果,为政府进行合理的开发决策提供决策支持的工具。该方法得到淮南市政府和中铁四局的认可,成为有序推进城市开发建设的决策支持平台,是合作双方顺利沟通、互动合作的重要桥梁和纽带。

二、城市开发管理的总体框架

传统上,人们对城市复杂系统的认识多集中在对于城市是什么的描述上,也就是多集中在城市为什么是开放复杂巨系统这一角度,而缺少基于描述的实际应用。张超、陈民等在《中国投资》上发表文章,以淮南市山南新区的开发为例,把城市系统进行了

城市是开放的复杂巨系统,城市开发管理问题本身是城市演进管理问题的一部分。城市开发的管理目标是有序推进投资和建设,落实城市规划,实现城市的可持续发展

划分,作为划分政府与社会投资人工作边界的依据,这个角度是城市开发的角度,也就是站在了城市演进的角度对城市进行了认识。这种角度是有意义的,为城市这样一个开放复杂巨系统的演进研究提供了一个切入点。

按照这样的思路,我们把这个问题一般化,提出城市开发的系统方法。

我们把城市开发过程作为一项系统工程,那么这个系统工程的工作方法主要是分为四个部分:

一是系统的识别和描述。以政府、市场主体和居民的需求为出发点,按照一定的投资、受益原则,并依据规划、土地、投融资和财税等相关法律法规,划分城市开发过程中政府和市场的权责。其中,城市开发的各类项目中由政府统筹的部分按照财政体制进一步地细分为应由上级财政投入的部分(分多种情况,如上级政府全部投资、直接投资、投资补贴、贴息等)、应由本级财政投入的部分以及设定一定的项目条件、采取社会投资人投资并运营等多种项目融资形式的部分。

二是系统目标的制定和沟通,也就是制定城市开发的战略。这项工作描述了参与各方都能够理解的开发愿景,定义了在开发过程中要遵守的一般原则,并通过对组织机构的设计、相应政策的制定,来管理系统演进的目标,使得开发过程中围绕各种参与者形成的子系统具备协同效应,尽可能实现城市开发的利益相关方的共赢局面,进一步增加了城市开发建设的可实施性。

三是系统演进路径的制定,也就是制定投融资规划。在上述系统划分明确和目标清晰的情况下,投融资规划的制定主要是确定投资时序的选择和融资安排。这项工作主要是解决好城市这一开放复杂巨系统演进过程中的变量控制问题,通过关键变量—资金的控制,解决城市开发演进的有序性问题。

四是系统演进过程,也就是开发过程的管理。开发过程的管理主要是依据城市开发管理的决策支持模型,对开发时序进行管理,对开发过程中各种投资项目进行决策支持。这种决策支持的价值在于统筹开发时序,在决策制定过程中,通过数学模型和人机结合的决策机制,实现定性和定量结合、理论和实际结合、政府和市场结合、科学分析和专家的智慧经验结合,符合开放复杂巨系统决策的基本理念。

以下主要介绍投融资规划制定的方法,在文章的最后,我们将介绍如何实际利用这种方法进行城市开发工作的管理。

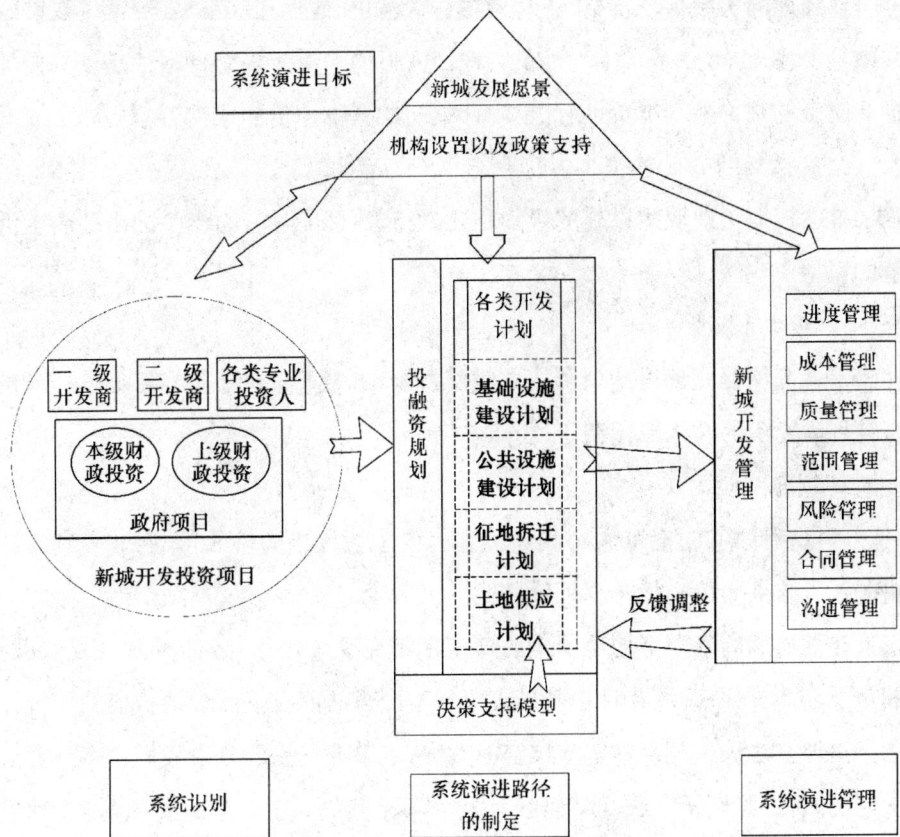

三、投融资规划模型

投融资规划模型分为四个部分,分别为:

1. 外生地价评估模型

以当地的房屋市场价格、土地招拍挂价格、征地拆迁政策、宏观经济政策定向结论为输入,时点基本平均地价为输出的模型。这个模型评估的是评价初期这一时点的基本平均地价,因此也叫评估初期基本地价生成模型。

2. 内生地价评价模型

描述根据土地周边设施的级别和建设完善程度不同,而产生的土地内生价值的模型。

3. 投入流模型

以各类项目的建设计划和技术经济指标(如规模,单位造价等)为输入,投资计划为输出的投入流模型。

4. 财务模型

以投资计划、时点基本平均地价和内生土地价格为输入,政府和投资人的财务评价结果为输出的时序评价模型。

评估初期的基本平均地价生成模型是站在整个城市(或一大片开发区域)的角度,确定一个区域在城市基础设施基本配套的前提下的土地价值的评价方法。这种方法采用定性和定量结合的方法,定量方法一般来说我们在多种方法中选用四种,假设开发法、成本利润法、市场比较法以及基础地价法等,四种方法得出的地价权重要通过专家智慧和定量的结果相结合的方法确定。

内生地价评估模型,分为两步走,一是确定各种基础设施和公共设施对地价的影响分值,二是确定不同开发建设时序下,地块价值的分值。确定各种基础设施和公共设施对城市地价影响分值的方法,首先在城市土地评等定级方法理论研究的基础上,结合城市开发建设的实际,确定不同的城市基础设施、公共设施以及安全设施(以下把基础设施、公共设施和安全设施等统称为公共设施)

等对不同地块的影响程度作为评价公共设施对地块的价值的依据,通过梳理城市规划中公共设施的规划情况,结合当地的实际,初步确定每一个基础设施建设项目对城市土地价值的影响程度,通过数学模型,把每一个地块受各种公共设施影响程度进行加总,得出一个地块的价值分值。通过专家多次评估,调整公共设施的影响分值,得出与当地实际地价相匹配的地价图。如果当地没有已经开发的成熟地区地价图可供参考,可以参考周边同等规模城市的地价状况。通过这个过程,把公共设施对地价影响的因素系数初步确定。确定不同开发次序下,地块价值的分值,主要是每块地出让之前周边公共设施开发建设情况作为输入,产生了不同的开发时序下,每个地块受公共设施的影响程度和影响时间是不一致的,从而给出不同时序下,不同的地价结果,这样就完成了内生的地价评估模型。这个模型给出的是地价分值,具体的地价与评估初期平均地价有关。

投入流模型,主要是用经验数据和专家的智慧,以及当地基础设施投资、征地拆迁政策、征地拆迁的实际费用为基本的参考,给出不同开发计划下的投资数据。由于输入的建设计划是一个计划流,而输出的结果—投资计划是资金流,因此我们把其定义为投入流模型,投入流的结果是每年或每个季度,乃至每个月的资金投入计划。

财务模型根据其他三个模型输入的基本地价、内生地价、资金投入流等数据,结合其他相关的财务条件,输出各种需要的财务结果,如投资高峰额、投资高峰时点、财政可持续曲线、投资收益、风险评价结果等。

财务模型把前述三个模型结合在一起,形成一个统一的时序评价模型,通过财务结果来评价不同开发计划的适用性。

几个模型的关系见下图。

新城规划

专家研讨

用地现状等现实制约条件

开发指导原则

各类开发计划

基础设施建设计划

公共设施建设计划

征地拆迁计划

土地供应计划

当时土地市场情况

宏观经济政策等

内生地价评价模型

外生地价评估模型

投入流模型

财务模型

高峰额，财务内部收益率等财务结果

专家判断

确定各类项目开发计划

是否满意

是

否

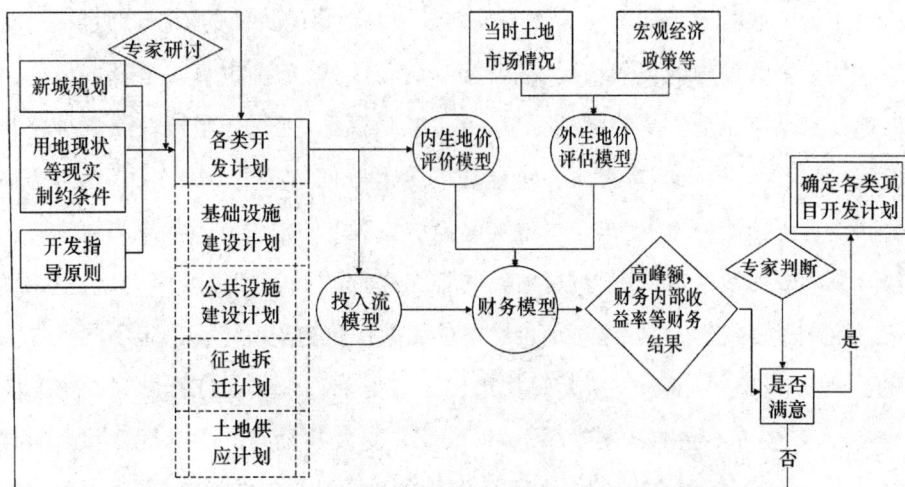

四、模型分析的一些重要结论

通过对模型的分析，以及开发次序确定过程的广泛分析，我们认证了这样一些基本结论：

一是对社会上普遍接受的 TOD[①] 开发模式进行的数据分析，我们得出基本的结论，在基础设施优先发展的前提下，整体城市价值一定会得到提升。在城市具体开发实践中，还可以还给出具体提升的数量估计。

二是应用公共服务导向的开发理念 SOD[②]，城市价值也得到了大幅度的提升，支持城市政府采用公共服务设施适度优先的开发战略，并且可以具体度量其价值，这为科学决策提供了数量支持。

三是在此基础上我们提出了三角定律，即开发战略、TOD、SOD 共同构成三条价值提升曲线，利用好这三条曲线，可以使得政府在不牺牲公共利益的前提下，多收获一个大三角形的价值。

四是我们也分别模拟了公共设施在地块全部出让完之后再建设和把公共设施全部建设完成之后再出让土地两种极端情况下的地价成长曲线，在上述第三条的基础上，得出一个完整的土地开发策略图。

土地价格（P）

R_3
R_2
R_1
P_1

配套设施项
目投资额（I）
R_0
P_0

r_3
I_1
r_2
r_1

0
r_0

0
V
土地开发深度（V）
土地供应量

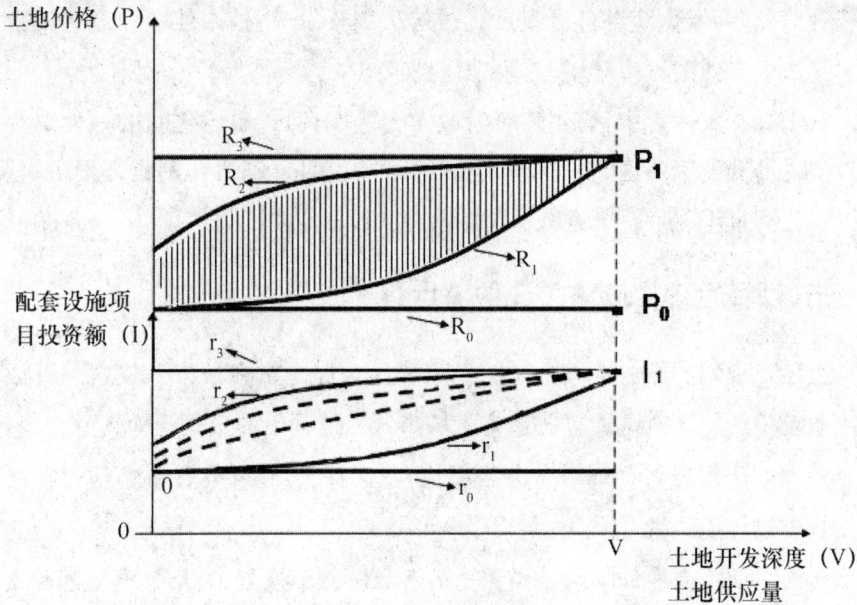

这个开发策略图最下面的横线 r_0 和 R_0，相当于 2003 年以前，政府通过协议出让，将大量土地和基础设施建设任务捆绑在一起，把生地协议出让给开发商的开发模式，政府后续不进行基础设施投入，从内生的角度，政府也收获不到土地的增值收益。

开发策略图最上面的一条横线 r_3 和 R_3，代表了政府财政充足，事先把所有基础设施和公共设施建设完成后再进行出让的情况，出让初期，内生地价就达到了顶点，但是前期投入量也特别巨大，这两条曲线也适用于旧城改造项目的特征。

开发策略图中的 r_1 和 R_1，代表了城市扩张过程中自然增长模式的情况，在此过程中政府投资的公共设施配套滞后于房地产开发的进程，一个比较形象的例子就是摊大饼式的发展，沿着成熟区边沿逐步向外扩张。

开发策略图中的 r_2 和 R_2，代表了采用 TOD、SOD 等开发模式下，通过设施建设的引导，推动新城区开发的情况。R_2 和 R_0 之间的部分，是政府通过这种开发模式增加的财政收入，是一个比较理想的开发结果，在这种模式下，新城区能够快速成熟,开发商获得自己应该获得的二级开发收益,入住企业和居民也能够尽早享受成熟的城市环境,是一个比较理想的均衡结果。

在实际开发过程中,受到政府财政实力的制约,r_1 和 r_2 之间的开发路径是可以接受的开发策略区间,r_1 和 r_0 之间的路径表明政府的开发收入损失过大,r_3 和 r_2 之间的开发路径则超出了许多政府的投资承受能力。

五、项目管理中应该关注的重点

投融资规划的方法本质上是综合集成研讨厅方法在城市开发这一开放复杂巨系统中的应用。这种方法适合于城市开发过程中的全程管理。

根据方法模拟过程的综合分析结论,我们认为,这样几件事情值得在城市开发管理过程中重视:

一是不断检查和修正四个模型中的参数。四个模型中,每个模型都有大量的参数,参数就是一种对描述对象的一种刻画,带有很多主观性和阶段性,因此要在实际工作过程中不断修正这些参数,以使得系统的输入输出结果更接近实际。

二是要在实际工作中,根据城市开发的特点,建立与之相适应的管理体制。在管理体制建设过程中,一定要注意的问题是,开放复杂巨系统的控制和反馈机制一定要适应开放复杂巨系统本身的实际,切忌用封闭系统的控制方法管理开放系统的问题。具体地说,尽量不要被部门的划分,导致系统的零碎切割,几个系统整合不出整体开放复杂巨系统来。

三是要重视过程的管理。不要以为有了好的规划结果就万事大吉了,这种思想是要不得的,尤其是对开放复杂巨系统而言。传统的城市规划也好,战略规划也罢,都是结果导向的,是一次性工作。而按照系统工程方法,规划只是进行了系统演进的控制性设计,大量的工作还在后头。

六、应用举例

我们利用上述方法对安徽省淮南市山南新区首期区域开发进行了投融资

规划,得到了满意的结果。

1. 山南新区投融资规划编制的背景

淮南市是全国重要的煤炭产业基地之一,也是安徽省北部的中心城市之一。为解决老城区人口密度过高的问题,打开城市的发展空间,2004 年,国务院将合肥市长丰县北部 7 个乡镇划入淮南市。区划调整后,淮南市政府着手开发淮南市山南新区,规划的建设用地规模为 60 平方公里。为了加快山南新区的开发建设步伐,淮南市政府成立了山南新区建设指挥部,并引入了中国中铁四局集团作为投资人,合作进行山南新区首期 15 平方公里的土地一级开发投资工作。由于新区的开发涉及到土地的取得和大量各类基础设施、公共服务设施的投资建设工作,为了科学开发,降低投资风险,确保新区的有序和可持续发展,双方聘请了北京大岳咨询公司编制山南新区开发的投融资规划,确定新区开发各类项目的投资计划和土地取得及供应计划。

2. 投融资规划编制过程中的一些考虑

投融资规划需要输出的计划包括土地的储备计划和出让计划、各类基础设施的投资建设计划(包括道路、水系、公共绿化等)以及各类公共服务设施的投资建设计划(包括行政中心、学校、医院等),由于项目众多,开发路径的选择并不是唯一的。在实际的投融资规划编制过程中,我们考虑了多方面的现实条件和其他城市的开发建设经验作为约束条件,将开发路径限制在一定范围之内进行比较,考虑因素的例子包括:

(1)村庄聚居点的分布情况:在实施征地拆迁时,尽量整村拆迁,不留下城中村;

(2)核心道路的不同作用:围绕能够最大延伸新区对外联系的主干道路开发,并注重城市道路与施工道路的分离;

(3)各类公共设施的辐射范围:根据设施分布情况和辐射范围将新区划成多个居住片区或功能区进行研究;

(4)投资强度的限制:将政府和投资人能够承受的投资强度作为检验开发

路径的重要约束条件,以保证开发的可持续性。

其他的考虑还包括各类土地储备的平衡、可取得的土地指标情况、商业项目开发应具备的必要条件等。

3. 实际应用投融资规划模型数据结果举例

在三种不同的开发路径下,项目的部份财务指标如下表所示:

开发路径 财务指标	路径一	路径二	路径三
高峰投资期	2008 年	2010 年	2010 年
高峰投资额(万元)	149191	229223	277440
投资总额(万元)	511004	523486	532881
企业内部收益率(%)	16.12	13.63	12.48

(原载于中国系统工程学会第十届年会论文集《和谐发展与系统工程》)

注:①TOD(Transit-Oriented Development),即以公共交通为导向的城市用地开发模式。利用政府规划垄断权带来的信息优势,在规划的建设区域首先按非城市建设用地征用土地,然后通过基础设施——主要是交通基础设施——的建设引导开发,促进城市空间的合理有序增长,最终形成布局紧凑、功能复合和具有人性化的城市形态,达到价值提升和城市可持续发展的目的。

②SOD(Service-Oriented Development)是指通过社会服务设施建设引导的开发模式,这是近年来我国城市规划与建设中产生的一种新方式。所谓SOD,即是政府利用行政垄断权的优势,通过规划将行政或其他城市功能的迁移,使新开发地区市政基础设施和社会服务基础设施同步形成,达到价值提升和城市可持续发展的目的。

引入系统工程方法 创新城市开发咨询

年前的那个春天,对于我国工程咨询界而言意义非凡。胡锦涛、温家宝,曾庆红和曾培炎等中央领导同志分别就工程咨询理论和方法创新问题进行批示。胡锦涛总书记的批示是:"工程咨询理论和方法的创新关系到科学发展观在投资领域的贯彻落实,需加强这一研究的指导和协调。"

城市化或城乡一体化的发展过程中是否体现科学发展观,是能否实现经济发展方式转变的重要一环。

《中国投资》记者了解到,近期在安徽省淮南市举行了一场由中国系统工程学会组织的专家评审会。北京大岳咨询公司探索的投融资规划方法在这里得到了中国系统工程学会的高度赞誉,被誉为政府在城市发展过程中落实科学发展观的重要举措,是具有普遍意义的工作方法,可谓点燃了城市投资领域科学发展的星星之火,是对总书记批示的积极响应。

咨询理念需要根本性转变

温家宝总理批示:"贯彻科学发展观,做好工程咨询工作,对于调整经济结构,提高工程质量和效益具有重要意义。"

中国工程咨询协会会长佘健明表示,中央领导的重要批示,明确了工程咨询工作的地位和作用。科学发展观是咨询机构开展咨询评估业务的工作指南。

据悉,2007 年全社会固定资产投资规模达到 137239 万亿元,占 GDP 总量的比重超过 50%。大量的投资项目都是通过全国 4000 多家工程咨询机构的 50 万从业人员,进行了前期论证、方案设计等咨询工作后才付诸实施的。

大岳咨询公司总监李伟认为,咨询理念决定着咨询实践,也在相当程度上影响投资建设的质量。科学发展观的基本要求是全面协调可持续,根本方法是统筹兼顾,这就要求城市政府在城市开发建设实践过程中要用统筹兼顾的办法来解决城市开发的投资问题,为此,咨询方法应该围绕这方面来进行。咨询方法的创新不应该是对计划经济背景下形成的方法进行简单的修修补补,而应该顺应形势,顺应社会主义市场经济发展的现状,进行根本性创新。

以系统观点指导城市开发

近年来,随着我国城市化进程不断加快,各地城市新区开发项目成为工程咨询的重要部分。新城开发是一项包含规划、建设、管理等诸多环节的一项系统工程,涉及到征地拆迁、基础设施建设、市政公用设施建设、公共服务设施建设、城市经营等多个层面的问题。这样一项庞杂又充满变化的浩大工程,决不同于一些单体项目工程,其咨询理念、方法都应该有所创新。那么,应该以怎样的咨询理念来对其进行规划,又如何来确保规划的顺利实施呢?

对于城市开发建设咨询经验颇丰的李伟认为,引入系统工程的方法对于城市开发建设意义非凡。

什么是系统工程学?简而言之,就是实现系统最优化的科学。详细说来,系统工程的主要任务是根据总体协调的需要,把自然科学和社会科学中的基础思想、理论、策略、方法等联系起来,应用现代数学和电子计算机等工具,对系统的构成要素、组织结构、信息交换和自动控制等功能进行分析研究,借以达到最优化设计,最优控制和最优管理的目标。系统工程大致可分为系统开发、系统制造和系统运用三个阶段。

　　李伟认为，用定量和定性相结合的系统思想和方法处理城市开发这样大型复杂系统的问题，是极其适宜的。新城建设是个系统工程，其复杂性主要体现在新城建设各方面的协调与配合不是简单的线性关系，建设次序、开发深度的不同都会导致建设结果的很大差别。因此，新城开发的建设系统化管理是摆在政府和投资人面前的新课题。

　　大岳咨询公司通过众多新城（开发区）开发建设的经验，总结出用投融资规划的方法解决复杂系统的项目管理问题，受到客户的普遍认同。据悉，大岳咨询公司为北京市房山区长阳镇所作的投融资规划成果经中国系统工程学会鉴定，已在北京市房山区全面推广，长阳镇近期土地开发及出让项目均参照投融资规划方案实施，运行效果良好。

试水淮南山南新区

　　2008 年 3 月 31 日，一场高规格的投融资规划鉴定会在安徽省淮南市举行。这是中国系统工程学会受淮南市政府和中铁四局双方委托，为《淮南山南新区首期投资开发区域投融资规划》而特别举办的成果鉴定会。

　　大岳咨询公司高级经理陈民主要负责该项目，他告诉《中国投资》记者，淮南市是全国重要的煤炭产业基地之一，为解决老城区人口密度过高的问题，打开城市的发展空间，2004 年，国务院将合肥市长丰县北部 7 个乡镇划入淮南市。区划调整后，淮南市政府着手开发淮南市山南新区。《淮南山南新区首期投资开发区域投融资规划》就是淮南市山南新区建设指挥部（下称指挥部）与中铁四局集团有限公司投资成立的淮南山南新区城市基础设施投资建设有限公司（下称中铁四局山南公司）为合作开发淮南市山南新区首期约 15 平方公里区域而聘请大岳咨询公司，根据相关规划和政策，应用系统工程的方法编制而成的。

陈民说:"山南新区的开发经营不同于单个地块的一级开发,它可以视作一个以山南新区开发建设管委会为运作核心的复杂巨系统。其中,管委会与中铁四局山南公司在征地拆迁、基础设施建设、市政公用设施建设、公共服务设施建设、城市经营等子系统层面,通过合同约定建立分工合作关系。投融资规划就是在这个巨系统框架内,基于若干分析,确立开发思想并制定合理开发计划、最终编制完成的,以供双方合作开发工作参考。"

记者了解到,根据估算,首期开发区域土地取得和各类基础设施、市政公用设施、公共设施等项目建设的资金需求总量将达到百亿元,这些资金主要通过新区开发过程中可出让土地的预期收益和税收进行融资,并寻求新区开发投资和收益的平衡。实际上,中铁四局山南公司在本项目上的投资,正是这种融资行为的体现,由此可见,新区未来土地供应收入,特别是其中可出让土地的实际收益是资金平衡的主要支撑。

陈民说:"我们编制本报告的目的,就是在尽可能事先制定科学的、符合城市发展规律的开发时序,切实提升土地成熟度,在不损害消费者利益的前提下,明确土地出让条件和净地出让的方式,使土地价值得以体现,力求实现新区开发资金平衡。"

值得一提的是,在制定规划的过程中,大岳咨询公司具有创新性地建立了一套投融资动态规划的系统模型,提出了基于规划的土地价值动态评估方法,对山南新区的开发具有重要的决策支持作用。

这套系统模型包括财务模型、土地成熟度和地价模型等,实际上就是针对各类项目的开发计划,从投融资角度开发的一套人机对话式的决策支持模型,可以供开发者根据城市开发的成熟经验和项目的现实情况,合理安排各类项目的开发时序。而且,在后续的开发实施过程中,这套人机对话模型也可以用于项目的管理工作,根据现实情况调整开发计划,看实施计划变动决策的影响,纠正决策不要偏离既定总体目标。

对于城市开发这一复杂巨系统,系统工程学的指导意义在于系统科学方法与实际功效的统一并举,一方面强调从总体把握城市资源的合理有效配置,另一方面亦不忽视局部实践的手段与策略,有利于整合政府公共职能,提高政府各方面决策的科学性。

对此,陈民强调:"以前城市开发建设过程中,不同程度存在着对系统认识不够清楚,缺乏全局性意识,往往专注某些层面而忽略其他环节。现在引入系统工程的方法,使得城市开发建设在从规划变为现实的过程中有了一套更为科学全面的方法,使这个过程更加明晰、具有可操作性。这也是贯彻落实科学发展观的一项具体实践。"

投融资规划的基本模型

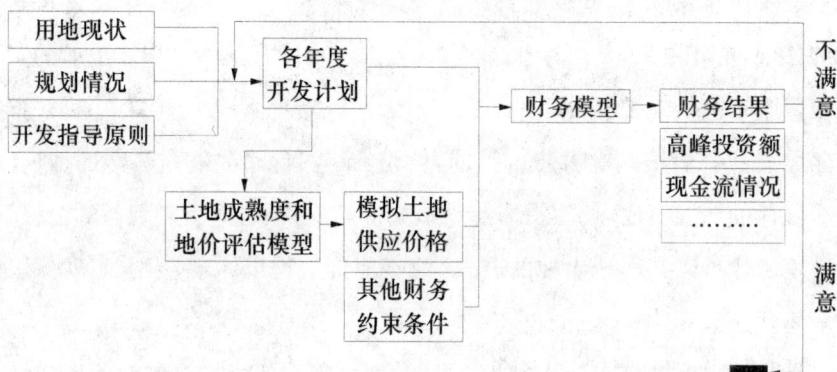

规划成果值得推广

《淮南山南新区首期投资开发区域投融资规划》的前瞻性、科学性、创新性、可操作性得到专家的一致肯定。记者得知,共 7 位专家出席本次会议,阵容强大,搭配合理,覆盖了系统工程、公共管理、土地、城市规划、投融资等相关的各个学科。

与会的有中国系统工程学会理事长陈光亚教授、国家发改委宏观经济研究院投资所研究员张汉亚教授、中国科学院管理科学研究所计雷教授、中国科技大学管理学院执行院长梁樑教授、北京大学经济学院金融系副主任王一鸣教授、中国人民大学土地管理系曲卫东教授以及北京城市规划设计院的王军副总工程师。

作为鉴定组组长,陈光亚首先关注的是规划成果鉴定的重点。他认为:城市开发是开放复杂巨系统,对于这个规划成果的鉴定,重点在于方法论是否抓住了开发复杂巨系统演进的主要矛盾。去鉴定一个规划内容本身是否精确,是不符合开放复杂巨系统决策机制和规范的,这种做法适合封闭的小系统。我们欣喜地看到,规划的当事人首先选择的是方法论的创新,通过数学模型和人机结合的决策机制,实现定性和定量结合,理论和实际的结合,政府和市场的结合,科学分析和专家智慧、经验的结合,这样鉴定就符合开发复杂巨系统决策的基本理念。

梁樑则认为,该投融资规划的普适性和可操作性是一大亮点。他说,投融资规划中使用的方法对城市开发的管理是有普适性的,传统的城市开发过程中由于缺少资金统筹环节,资源配置缺乏规划,缺乏操作性指南,而投融资规划中形成的方法论能有效地解决这方面的问题。

梁樑还表示,淮南市政府聘请大岳咨询公司做的投融资规划,把城市基础设施、公共设施的投融资作为调控对象,把公共设施和土地开发的次序进行有效整合,形成开发时序,开发时序的确定过程中采用了人机对话的方式,对于每个输入的拟定时序,都有一组输出结果支持决策。通过各方面经验的整合、专家的参与、中铁四局的参与、与市场的对接,最后确定一组可接受的开发时序。应该说,这种方法是科学的。规划组还设计了开放的参数和开放的时序输入,使得规划成果可以根据项目进展,不断调整和优化,这对于政府和开发商来说,是个操作性极强的规划,解决了动态规划的问题,解决了规划和实际的衔接问题。

张汉亚从投融资角度入手,肯定了该规划的方法依据具有较强的科学性、前瞻性,符合投融资改革的方向,也符合地方政府在投融资方面的身份定位。他说,该投融资规划具有一定的创造性,理顺了政府与投资人之间的关系。应该说,淮南市政府非常开明,胸襟宽广,在理顺各方合作关系问题上站得高,看得远,是大家风范。不少地方政府在城市开发中要么越位,要么缺位。而淮南市在山南新区的开发工作中,组建了管委会,通过合同的形式明确了管委会和中铁四局之间的职能分工,各司其职,各安其位,这是非常明智的做法。

此外,曲卫东从土地管理和城市经营方面入手,认为淮南市政府的这个规划抓到了城市经营的本质,城市经营本质上是土地的合理开发和利用问题,但如何合理开发利用,就是一个系统工程问题了。他表示,用定性和定量结合的办法进行城市开发的决策,可以说是淮南市政府的重大创新,是非常值得推广的。

作为金融学专家,王一鸣则认为该规划方法论抓住了重点问题,投融资规划以政府应该作为的公共设施为切入点,找准了规划中政府应该作为的方向。同时规划中把市场因素作为参变量留了大量的接口,通过专家和企业家的智慧结合,加上数据分析,为科学决策奠定了很好的经济学基础。

在经过两个小时的讨论之后,专家评审组综合诸方面意见,给出了如下鉴定:

"专家组一致认为,规划符合系统工程的科学方法,通过系统模型的建立提高了决策的科学性,肯定了规划的前瞻性、创新性、可操作性等,并认为这种方法具有推广价值,可以应用于其他地区的城市建设……"

对此,陈光亚强调,中国系统工程学会此前是从不参加这样的评审活动的,这次之所以参与,主要源于服务理念的转变,认识到我们系统工程学会有责任为落实科学发展观做出自己的贡献。政府要落实科学发展观,怎么落实啊?不是空话,要有手段,要有方法,系统工程是最好的方法之一。这种好的方法一定要推广,要让其为社会所用。

"当然",陈光亚说,"我们并不能说投融资规划方法一定是最好的,但这种方法是有科学性的,是可以在此基础上进行改进和完善的。城市开发过程中需要有这样一种动态决策支持的工具,这是改进政府决策质量,提高决策科学化水平的重要手段之一。"

规划落实仍需各方努力

作为深谙淮南市情、又参与过多个区域性战略规划和资源配置性规划的老专家,计雷的话可谓语重心长:"规划得再好,还是看实施单位的能力。城市开发是个开放复杂巨系统的演进问题,不同于封闭系统的建设。我们国家关于国民经济的规划大多采用了适合开放复杂巨系统的规划方法,

> 系统工程方法最大的威力,就是对于各种专业的整合能力,这一点需要参与者更多的理解,摒弃对自身专业领域局限导致的思维狭隘,摒弃部门利益,站在城市整体角度思考问题

但最终重视的是规划结果,而忽略了实施过程,所以很多单位的城市规划,空间规划结果都很好,可就是实施不了。政府应该反思,对于不符合科学发展观的做法,需要进一步创新。"

计雷认为,投融资规划单位为政府和投资人中铁四局提供了一套动态城市规划实施的方法,是一种重大的创新。但是,这应该说只是方法论和工具的创新,是否能够让创新产生价值,关键还在于两个单位领导对实施的重视程度。

陈民表示,由于城市开发涉及的面比较广,需要各方面的决策者和专家共同参与其中。系统工程方法最大的威力,就是对于各种专业的整合能力,这一点需要参与者更多的理解,摒弃对自身专业领域局限导致的思维狭隘,摒弃部门利益,站在城市整体角度思考问题。这还需要长期的推广过程,需要使其成为社会广泛认可的方法论,成为政府决策过程中被广泛建立的思维模式。

实际上,由于山南新城的开发建设是一个开放的复杂巨系统,一方面外界各种因素如政策变化等会对其造成影响,另一方面合作双方本身的活动无时无刻不处于调整变化的过程之中,因此在新城开发管理环节中,如何加强项目管

理工作将成为关键。

陈民表示,"也许真正的挑战才刚刚开始,在项目的实施过程中,需要加强城市开发的运行管理工作,借助决策支持系统;围绕系统演进目标,对具体实施计划进行调整,保证不偏离既定目标。这是一项与时俱进的、复杂的工作。"

《山南新区首期投资开发区域投融资规划》评审会的举行,距离胡锦涛总书记在《关于贯彻科学发展观,创新咨询理念有关情况的汇报》上作出重要批示的时间正好整一年。或许,这只是工程咨询行业贯彻科学发展观的一个小小的尝试。然则,星星之火可以燎原。工程咨询实践就是将科学发展观贯彻落实到投资建设全过程的桥梁和载体,其创新空间可谓宏大深远,其发展前景可谓欣欣向荣。

陈光亚说:"参加此次鉴定会,感到很欣喜,大岳公司在这个项目上的工作是对系统工程方法在社会领域进行现实应用的一次很好实践。我希望系统工程的方法能够在更多城市的开发工作中得以实践,提高政府决策的科学性,相信能够为改善城市建设管理水平,落实科学发展观带来积极的影响。"

(原载于《中国投资》2008 年第 5 期)

整合为城市开发创造价值

作为一个新的城市开发方法，投融资规划方法越来越多地受到政府和投资人的关注。那么，投融资规划方法在城市开发过程中是如何创造价值的？投融资规划理论和方法为什么能为地方政府和投资人所广泛认同？它的盈利模式又是怎样的？作为长期关注投融资领域的专业期刊，《中国投资》一直关注投融资规划方法的发展，我们相信，这也是城市政府和投资人普遍关心的问题。

大岳咨询公司的投融资规划方法在安徽淮南新城开发、北京长阳镇综合开发以及其他新城开发建设和旧城改造项目中得到了很好的应用，从而解决了城市开发的演进管理问题，目前这套理论和方法已经得到了学术界、政府和投资人的认同。带着上述问题，记者走访了相关专家和大岳公司专业人士。

城市开发需要整合能力

大岳咨询公司主管城市开发业务的总监——李伟首先对投融资规划方法的本质给与了详细的阐释："在解决城市开发演进管理的问题上，我们将系统集成研讨厅的方法应用其中，创立了投融资规划的理论和方法，它的本质是系统整合,它的特点就是系统工程的方法,综合考虑各方平衡,是一种城市开发过程的整合。"

李总告诉记者,整合与其他的专业学科一样,也有自己的基础科学、技术科学以及工程技术。这些是钱学森一直致力研究的,并且已经取得了卓有成效的成果,在国际上处于领先地位。这门基础科学就是系统学,技术科学就是系统科学(系统科学里面含有运筹学、控制论、信息科学等),工程技术就是系统工程。

不过,大岳咨询公司投融资规划方法所进行的系统整合对象有其特殊性,它的对象是城市开发与发展这个复杂巨系统,这个系统同其他复杂巨系统一样,也具有子系统,数量非常庞大,且相互关联,相互制约,相互作用,关系很复杂,并有层次结构等特征。

简单地说:一个城市开发项目中,必然涉及到各种不同的利益主体,其各自希望达到的目标也各不相同,如政府的目标既要实现社会效益又要实现公共资源的最优配置;一级开发商则希望资本收入最大化与合理的现金流;房产商希望有低廉的地价和相应的配套设施;企业用户希望区域内有齐备的基础设施和产业链配套;居民住户则希望各类生活设施齐全,交通方便,还要有休闲娱乐设施和绿地;被征地的农民则希望能够按照政策获得应有的补偿,还希望得到就业机会。

这些多重利益都需要综合考虑,并给予合理的关注,这要求城市开发过程一样要遵循"和谐"开发的基本原则。过去的城市经营实践中,有些地方可能没有做到兼顾上述诸多利益群体的合理利益,有些甚至走上了单纯追求土地收益的道路,这些都可能影响到一个城市乃至一个地区的可持续发展问题。

另外,也有很多地方政府在决策中先是各个部门按照各自的职能决策,这种决策通常是不会出现政策偏差等实质性问题的,但是部门相互间缺乏沟通和理解,到了主管领导那里可能"公说公的理,婆说婆的理",最后领导也只能"拍脑袋"决策。事实上,这是地方政府在进行一个城市演进管理过程中必然会遭遇到的问题,但是这种决策往往很难贯彻和落实"科学发展观",有些甚至还可能导致根本方向上的错误。

李伟说,要避免出现这种情况,最好的实践就是运用科学的理论和方法支持政府决策,而这种科学的理论和方法就是投融资规划的理论和方法。

其一般的做法是:建立一个相关专业齐备的项目组,收集财务、法律、专业技术等各个方面的意见,综合政府土地、规划、财政和市政等各个部门的意见,进行定性和定量分析,统筹安排,达到优化配置。正如钱学森先生在系统学讨论班上指出的,要将专家群体、数据和各种信息与计算机仿真有机地结合起来,把有关学科的科学理论与人的经验、知识结合起来,发挥综合系统的整体优势,建立应用于科学决策的从定性到定量的综合集成系统,用于研究复杂巨系统问题。

整合的价值何在?

"整合能够为城市开发创造价值",李伟说,"就这个问题,我们是有成熟项目经验的。"

他告诉记者,城市开发是城市开放复杂巨系统的演进问题,对于开放复杂巨系统的演进进行管理目前来说是个难题,抓住开放复杂巨系统演进过程中的主要矛盾,是解决好这个问题的关键。

通常在城市政府决策之初,其所拥有的大多是定性的观念和理论,这些观念和理论是决定一个城市或一个地区发展至关重要的大原则、大观念,是不允许出现大偏差的定性结论。但是从科学决策的角度来说仅仅有这些定性的观念和理论是不够的,是不足以指导科学决策的,还应该辅以定量的数据和科学分析以及有关专家的专业知识和经验等共同结合应用,形成能够指导决策的科学支持。

城市演进管理,包括城市开发建设和发展需要考虑的统筹发展问题,而统筹发展的本质是资源的配置问题,资源配置中最关键的是公共资源的配置,公共资源的配置包括资源在空间上的配置和时间上的配置。通过处理好公共资源的配置问题，可以较好地解决一个地区的发展问题，也就解决好了眼前利益和长远利益问题，以及发展过程中的公平和效率问题。

> 整合与其他的专业学科一样，也有自己的基础科学、技术科学以及工程技术。基础科学就是系统学，技术科学就是系统科学，工程技术就是系统工程

但是如何配置好这些资源，是个技术问题，是系统工程问题。需要在定性基础上研究定量问题，通过定量的分析，再给出定性的结论，这些在定性和定量结合后形成的定性结果是一种飞跃，是一种概念的提升，这是解决纷繁复杂问题的关键。

关键是抓住障碍这件事情的主要矛盾，采用逻辑清晰的系统工程方法，把这件事情的各种要素进行整合，并通过可视化的形式展示给主要部门和主要领导，取得其观念上的认同，同时在这个过程中把制约发展的主要矛盾揭示出来，让领导和各部门都理解和支持，从而有利于快速推动事情的发展。

"这归功于我们开发的一个系统工程的模型，把整合如何创造价值的理念和方法进行了刻画，这个模型通过7个过程的循环迭代，完成全过程整合，从而为客户创造价值。这7个环节是，识别系统问题、明确系统目标、建立系统演化模型、模拟系统运行结果、系统运行结果分析及模型调整、指导现实系统运行、现实系统运行结果反馈，到此完成一个循环。经过多次的循环，最后完成了现实系统的建设和良性运行。

通过这个模型，我们把隐性问题显性化，把复杂问题简单化，让大家都在一个平台上讨论问题，分析问题，作出决策，从而大大提高了效率，降低了开发成本和财务成本，抓住了城市发展的机会。"

在这个过程中，整合是关键的一环。整合过程涉及到把定性结论和定量结果相结合，把专家智慧和实践经验相结合，把政府和市场在系统中的定位和边界说清楚，实现市场和政府很好的结合，把好的理念和现实的法律、法规及习惯做法相结合。这需要整合者不仅有专业的整合工具，还要对进行整合的客观对

象有个比较深入的理解,才能真正创造价值。

市场需求与清晰的盈利模式

事实上,"整合"已经成了人们耳熟能详的字眼。但是作为投融资规划理论的整合方法或者整合技术,能够被政府和投资人普遍接受吗?对此,记者采访了北京大学经济学院教授王一鸣。

王一鸣表示,一个知识或方法成为业务或成为一个行业,至少需要具备三个条件:一是对这方面是否有客户需求,也就是这个方法所解决的问题是不是被普遍认为需要解决的。二是有清晰的盈利模式,也就是,这个方法或知识靠什么去赚钱,能否赚钱,关键是看政府或企业内部解决更经济还是外包更经济,看能否有被客户接受的收费方式和收费比例。三是是否有学术界的广泛支持和认可。王一鸣还提出,这些条件是必要条件,而不是充分条件。

针对王一鸣所说的三个必要条件,记者与李伟总监进行了进一步的沟通。李伟认为,首先市场需求是不成问题的,大岳公司所做过的各种案例实践就是一个很好的证明;另外从国家层面看,国家在加强政府执政能力建设中提出,通过中介机构把应该由市场解决的问题交由市场解决;如果中介机构能够通过其专业知识、整合能力解决这样的复杂问题,那么市场是非常广泛的。

其次,是否有清晰的盈利模式问题,这个问题可以从目前政府机构设置上来看,现在的政府机构设置基本上是按照社会管理、经济管理等不同职能构建的,还没有一个专门的部门来统筹考虑城市发展和建设中的各种问题,也缺乏这方面的专业人员储备,因此通过专业中介机构来解决这样的问题对政府和投资人来说都是具有相当的经济性的。

而且正如房山区发改委崔山主任所说,我们有病要进医院,不能有病现学医,等医学好了,病人也死了,这是得不偿失的。

第三,学术界的支持确实非常重要,如果没有学术界的支持,没有社会力量一起来丰富和完善一种方法,没有学术界站在非盈利的角度去研究和推广这种方法,想成为一种被社会普遍接受的业务就比较困难了。

"我们利用系统工程的方法解决城市开发中的问题,由于所涉及到的专业学科和专业技术众多,能够得到学术界的认可和支持尤其重要",李伟说。

而事实上大岳所做的工作现在确实已经引起了学界的关注并给予了较高的评价。比如安徽省淮南市山南新区所做的开发投融资规划已经通过了评审,并获得了很高的评价。参与评审的中国科技大学管理学院执行院长梁樑教授表示,这个投融资规划的普适性和可操作性是一大亮点。

独树一帜的系统整合能力

"这是一种难以仿效的经验和能力,是大岳公司的核心竞争力",大岳咨询公司高级经理马延博说,"我们现在做城市开发的投融资咨询,是植根于我们对城市的深刻理解,这种核心竞争力是从微观、中观和宏观三个层面建立起来的。"

"微观层面,我们深刻理解城市基础设施每个具体项目的投融资理论和操作模式,这方面我们有绝对的优势",马延博说。

据介绍,大岳曾经为中国 2/3 以上省会城市的基础设施市场化项目做过咨询,这些项目包括自来水、污水的 BOT[①]、TOT[②] 和国有企业改制类项目,国内最大的地铁 PPP[③] 项目,众多的燃气、供热、道路市场化和改制项目等。

在这些项目中,有影响力最大的项目,有投资额和引资额最大的项目,有为政府创造效益最高的项目。

"我们不但成为政府决策的顾问支持,还与国内外基础设施方面的大型投资企业都保持着良好关系,我们理解政府和企业的不同需求,也理解和熟悉在操作这些项目中需要关注的重要问题,我们熟悉基础设施投融资有关的成功经验和失败的教训",她说。

凭借在基础设施投融资方面积累的丰富经验,大岳一直在这类项目中担任牵头顾问的角色,因此在项目具体操作环节上也能够更好地从整体的角度去观察和思考宏观问题,并学会如何去协调各个利益相关方之间的关系,进行综合分析和平衡,形成对项目的整体影响,即使是在对具体问题的处理上也要考虑如何与大目标、大方向的匹配,同时又要保证有关方面的各自要求。

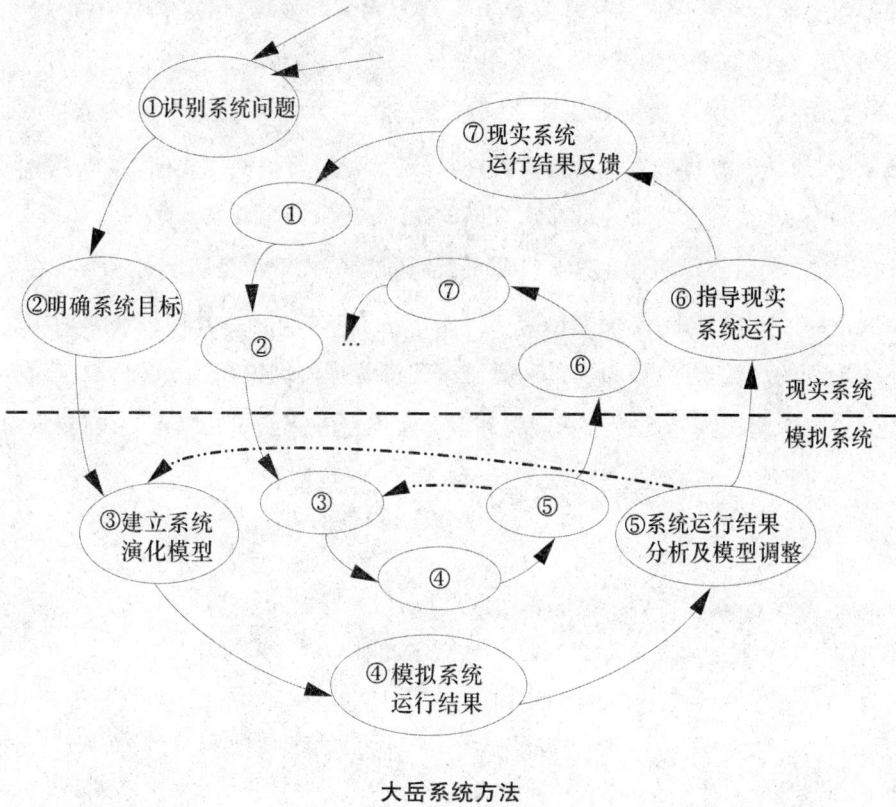

大岳系统方法

在中观层面,大岳作为牵头顾问,也有相当多的项目经历,包括某物流基地的战略制定、某地区土地开发策略选择、招商引资策略分析及制定、商业和物流整合开发的成功要素分析等。大岳曾经为有些政府项目做过咨询,包括:理顺原有管理体制,建设新型管理模式,为相应的合同管理,资金管理和风险管理等提供专业的咨询服务等。因此我们深刻理解不同类型业务的特点,掌握这个领域的基本知识,不仅有定性的,也有定量的,不仅有专业知识,也有相关方面的经验。

在宏观方面,"我们理解并熟悉城市开发过程中的有关土地、规划、财政、金融等方面的法律、法规以及政策,还曾经参与过相关法律、法规、政策的制订过程。我们还在此基础上开发了以系统工程为模型的方法,将宏观方面的规定、限制等作为模型定制条件动态地体现在模型中。"

大岳认为,城市规划和建设之间缺少一个环节,导致城市规划的落实难。为此,大岳开发出投融资规划的方法,通过划清政府各级的边界,政府和市场的边界,并在此基础上合理设计城市开发的次序,达到城市开发的理想效果。

总之,大岳公司能够在这个领域中有所建树的关键正是基于对这类项目本质和内涵的深刻理解,基于大岳公司丰富的项目实践经验,并创造性地运用了系统工程的理论,建立了自己的一套城市演进管理的理论和方法——投融资规划。正如淮南山南新区投融资规划评审会上与会专家给出的结论所说:规划符合系统工程的科学方法,具有前瞻性、科学性、创新性和可操作性,具有推广价值。

（原载于《中国投资》2008 年第 6 期）

注:①BOT 是 Build-Operate-Transfer(建设－经营－移交)的简称。它是利用私人资金来承建某些基础设施项目的一种模式或结构,基础设施的建设传统上是由公营部门承办的。在一个 BOT 项目中,私营公司被授予特许权来建设和运营通常是由政府经营的设施,该私营公司还负责项目的筹资和设计,在特许期结束时,该私营公司将把项目所有权交回给政府。特许期的长短主要取决于需要多长时间该工程建成后的运营收入足以还清开发商的债务,而且使其付出的辛劳和承受的风险得到一定比例的回报。

②TOT 是 Transfer-Operate-Transfer 的缩写,即移交－经营－移交。TOT 是 BOT 融资方式的新发展,是指政府部门或国有企业将已建项目一定期限的产权和经营权有偿转让给投资人,由其进行运营管理;投资人在一个约定的时间内通过经营收回全部投资并得到合理回报,在合约期满后,再交回给政府部门或原单位的一种融资方式。TOT 也是企业

进行收购与兼并所采取的一种特殊形式。

　　③PPP 是 "Public-Private-Partnerships"的简写，即"公私伙伴关系"或"公私合营"，是指公共部门通过与私人部门建立伙伴关系来建设和经营项目或提供服务。PPP 实质是一种制度安排，即公共部门和私人实体共同行使权力，共同投入资源，共同承担责任与风险，共同分享利益，从而共同完成生产和提供公共产品与服务的方式。

丰富城市开发战略　加强财政可持续性

最近，笔者在工作中走访一些二三线城市的建设部门和财政部门时，听到有些工作人员提起一个有意思的现象，就是在给本市安排大量可出让土地和城市建设资金时，经常会受到人大代表的质询，要求相关部门解释这种安排到底有没有吃子孙饭？靠借债投出去的钱将来能否偿还？

笔者认为这是一个很有意义的现象，从一个侧面说明对地方政府行为的监督机制正在发挥作用，监督工作正在向更加科学的方向发展。人大代表的质疑，实际上是站在城市财政可持续角度对政府的城市建设行为的关注。

财政收入多样性支持城市开发可持续性

前几年，随着城市的快速扩张和土地市场的繁荣，土地出让收入在许多地方政府的财政收入中所占的比例猛增，于是就有了"土地财政"这个新名词。然而，随着近来房地产市场的低迷以及由此引发的土地市场的不振，土地出让收入锐减，地方政府的"土地财政"路线难以为继，"土地财政"也受到了质疑和批判。

地方政府的主要职能是提供公共产品，促进城乡发展。因此，政府财政资金的投向主要是公共服务和公益领域,而不是赚钱的领域。这一点将政府的投资行为与市场的投资行为区分开来,但是这并不代表政府的投资是不产生价值的,只是这种价值有时候不那么直接罢了。

以在荒地上建设起来的城市新区为例,在政府投资建设好各种基础设施并引入公共服务设施之前,这些未开发地区的土地价值很低。政府投资建设道路等各种基础设施,可使其周边的土地价值得以提升。因此,从资金投向和价值创造相匹配的角度出发,政府通过出让土地收回城市基础设施建设的投资,也是有其合理性的。笔者认为《国有土地使用权出让收支管理办法》对于土地出让收入的五大类支出项目规定,也有从资金使用与价值创造匹配角度进行规定的含义,即要求出让土地获取的收入要解决与土地相关的问题,城市基础设施建设投资也在其中。

土地出让收入属于财政收入中的基金预算收入部分,人们常说的财政收入更多地指向的是一般预算收入部分,或者说更多的是指向城市政府财政的税收部分,从各地方政府的统计年鉴中,我们也可以看出不同城市的差别是非常大的,资源型城市与工业型城市不同,旅游业为中心的城市与贸易业为中心的城市不同。无论城市政府的财政收入主要来自土地出让收入还是各种税收,其财政支出都不外乎社会保障、教育、城乡社会事务等保障城市正常运转的公共领域。

因此,从这个角度来看,政府通过大规模的建设引导,扩展城市空间,形成新的城市区域之后,财政资金的支出方向由基础设施建设投资转变为城市公共服务功能方面的大量支出,而在这个阶段,由于土地已经出让完毕,城市政府不可能在这个区域获取大量土地出让收入了,那么财政支出的资金从哪儿来呢?政府可能有两种办法:一是将老城区公共服务支出的一部分用于新城区,这将导致整个城市单位面积上的公共服务支出水平下降,城市居民福利水平降低;二是继续通过出让其他未开发的区域的土地获取土地出让收入,但此种做法将导致恶性循环,政府会越陷越深,直至卖地卖到没有利润为止。很明显,这两种办法都是不良的城市开发和建设管理行为,将导致财政不可持续。从中我们能够得到哪些启示呢?

丰富城市开发战略加强财政风险管理

从上述分析我们看到,在城市新区发展过程中,政府加强财政可持续发展是极其重要的,为此,政府应当做好以下几方面的工作:

> 财政收支平衡的原则并不是要求把每年的财政收入在当年都花光才算完成任务,在不吃子孙饭的同时,不妨未雨绸缪,做好财政储备工作以应对风险。如果各地方政府都能够做到这一点,那么中央应对宏观经济下滑风险的手段和余地也就会大得多,国家的经济基础也必然稳固得多

一是微观层面上,加强大型项目的经济可行性研究工作,抑制形象工程冲动。许多地方政府在进行城市新区开发时,滥用所谓的大型公共服务设施引导城市开发的手段,加上受到所谓城市形象标志性项目的诱惑,盲目上大型项目,最典型的例子就是一些大型的综合体育场馆、演艺设施等,这些项目往往投资高达数十亿元,然而运营收入连打扫卫生都不够,运营一天亏损一天,更不用说偿还借款了,拆也拆不得,用也用不得,成为城市财政的尴尬包袱。因此,在投资决策之前,必须严格对建设项目进行全面的技术经济分析和论证。

二是建立多层次的城市开发和投融资战略。在开发城市新区的过程中,除了开发各类可出让用地外,也要根据城市特点,制定符合地方特色和优势的产业发展战略,使得城市建设阶段财政收入由土地出让收入和建设税收带动增长过后,有接续的产业税收增长,以保证城市的正常运转。

三是加强对宏观经济风险的管理。过去很长一段时间里,中国经济都处于快速增长的过程,绝大多数地方政府的财政收入都处于增长过程中,地方政府应对宏观经济不利局面的思想准备和经验不足。本次全球金融危机的爆发给地方政府敲响了警钟,地方政府应当认真审视自身财政收入来源的构成情况,

分析本地各种税源受到宏观经济影响的程度,制定应对宏观经济风险的措施,做好充分准备。

其实,财政收支平衡的原则并不是要求把每年的财政收入在当年都花光才算完成任务,在不吃子孙饭的同时,不妨未雨绸缪,做好财政储备工作以应对风险。如果各地方政府都能够做到这一点,那么中央应对宏观经济下滑风险的手段和余地也就会大得多,国家的经济基础也必然稳固得多。

(原载于《中国建设报》2008 年 11 月 27 日)

城市化中的三种作用力分析

随着我国城市化进程的加速,城市周边正在规划和崛起一片片城市新区(有的被称为新城)。绝大多数的新城或是新区,都是政府为了实现城市的跳跃式发展,避免摊大饼式的开发而在远离城市中心地区的区域规划的城市建设新城。这些新城正象雨后春笋般地出现在中国大地上。在我们咨询实践中经常看到,很多新城的发展是在增长乏力的前提下强行启动的,最后导致这个新城一直在低的发展水平上徘徊,公共服务设施不配套,产业发展难以为继,最终新城的发展结果远离开发之初设定的目标。很多城市周边建设的居住区多属于这种情况。

总结我国新城开发中的理论和实践经验,新城开发过程中有三种作用力,一种是政府有形之手的推力,一种是市场无形之手的拉力,在推力和拉力之间还有一个摩擦力。摩擦力是阻力,是阻碍城市化进程的反向的力。摩擦力的大小主要与中心城市的辐射程度和城市发展过程中需承载的压力大小有关。一般来说,中心城市的辐射作用越强,城市化中需承担的压力越小,摩擦力越小。城市化中需要承载的压力主要包括两个方面,一是自然的压力,也就是原有土地上承载的资源状况;二是政策压力,也就是在政策上要求城市在城市化过程中承担的负担究竟有多大。

　　在我国城市化的早期阶段,由于城市化发展的需要,在政府无相关资源推动城市发展的前提下,为了启动新城的建设,政府强行减轻前期压力,一方面牺牲必要的基础设施和公共设施的配套建设,使得房地产项目在低价位、低质量上运行;另一方面,人为压低拿地成本。这时的城市化是以牺牲被征地农民利益、导致城市发展后续乏力为代价的。这样城市发展方式是遇上问题绕着走,其结果是留下大量的城中村和失业的劳动力。这样做看似减少了短期的摩擦力,却把城市发展的包袱都留给了后人,进一步加大了城市长远发展的阻力。

> 新城开发过程中有三种作用力,一种是政府有形之手的推力,一种是市场无形之手的拉力,在推力和拉力之间还有一个摩擦力。摩擦力是阻力,是阻碍城市化进程的反向的力

　　随着科学发展观与和谐社会理念深入人心,这种低水平城市化的发展之路已经难以为继了。发展过程中必须统筹考虑社会发展,统筹考虑失地农民的合法权益,不能以剥夺失地农民的利益为前提实现城市化,还要综合考虑环境和税收的可持续发展。在这样的城市化背景下,城市化过程中的政策压力明显加大,城市化的前期负担明显加重,导致城市化进程中摩擦力加大了。

　　在很多城市的新区,政策压力加大了,再加上城市的自然演进还没有辐射到新城所在的区域,因此,只有靠市场的拉力是难以克服摩擦力的,比如我们现在正在为之提供服务的某城市的武广新城,就面临这样的情况。该新城因武广客运线即将开通而被迫提前开发,该区域与城市中心区之间存在大片未开发区域,开发前期已与城市的自然演进隔离开来;该区域征地拆迁成本较高,周边地价无法承担较高的基础设施投资。应该说,这种情况是很多新城开发中经常遇到的问题。如何克服摩擦阻力,让市场这只看不见的手直接发挥作用,这一般有两种选择:一是等待中心城区的辐射,二是借助政府的有形之手加以推动。

　　那么如何通过政府的有形之手加速新城的开发建设呢?

第一是转变观念，主动承担和化解摩擦力。政府是城市经营管理的主体，城市政府不仅对现在的经营管理负责，还要对未来的经营管理负责。因此，在城市建设阶段就应该充分考虑未来城市的运营管理问题。这是很多地方政府需要转变的执政理念。这种转变完全靠执政者自己转变是有一定难度的，因此要加强人大的监督。这种理念一旦转变，就不会出现甩包袱、搁置问题等一系列不负责任的做法。

第二是改变做法，加大政府有形之手的推力。很多基础设施和公共服务设施，都是政府必须提供的公共服务的载体。过去常常是居住区开发到哪里，政府不得不配建到哪里。政府完全可以化被动为主动，提前配建基础设施和公共服务设施，在此基础上出让国有建设用地，这样土地以较高价格出让会比较容易，政府可以通过土地的出让收回基础设施和公共设施的配套建设资金，提高了政府履行公共服务的能力。另外，政府把规划提前变为现实，减少了不确定性，降低了开发企业的风险，提高了开发企业的积极性。

通过转变观念和改变做法，化被动为主动，主动经营城市，可以让投资人看到一个规范运作的政府、一个负责任的政府、一个主动为投资人降低不确定性的政府。这样的政府主动背负起政策的压力，划清了投资人投资的边界和收益的来源，减少了投资人的预期开发阻力，能够有效地推动城市化的进程。

（原载于《中国建设报》2008 年 12 月 10 日）

第三章

城市投融资平台——城投篇

在中国城市化的坐标上，大到摩天高楼，小到污水井盖，无不折射出城投公司的身影。然而作为打着政策性烙印的特殊市场经营主体，其发展也面临着诸多难题。在新的机遇和挑战下，城投公司该何去何从，大岳咨询公司中的经验或许可以提供一些参考。

城投公司向何处去

随着我们城市化进程不断加快。城市基础设施和公共设施需求增长强劲，地方政府为主要投资主体在很长一段时间内承担了大量的城市建设和投资任务。很多地方政府在自身财力不够的情况下四处举债，承受着巨大的资金压力和还贷风险。为了扼制这种势头，进入新世纪尤其是 2002 年以后，国家出台了一系列的政策法规。特别是《预算法》中明文规定不允许地方政府直接举债和提供担保。在这种大趋势下，作为地方政府对外政策性投融资平台的各类城市建设投资公司（下称城投公司）应运而生。

城投公司的出现可以说是时代的产物。顺应了城市化发展的趋势。作为国家投融资体制改革的产物，城投公司在城市开发建设过程中，发挥的重要作用不容否认。有专家指出，城市建设开发未来几十年投资需求依然强劲，城投公司仍面临难得的发展机遇。与此同时，城投公司如何更好更快发展、如何更好参与城市开发建设工作也成为众多城市政府和城投公司领导所关心的问题。由于角色定位模糊、相关政策规定不到位等原因，在快速增长的过程中，城投公司也积聚了一定的风险。

对此，城投公司深有体会。2007 年 9 月 6 日，全国第九届城市建设投融资体制改革研讨会在南昌召开。大会的主题就是"改善融资结构，促进科学发展"。城投公司协作联络会理事长、广州城投公司总经理卢汝生在开幕词中不无忧虑地说，出于对通货膨胀和经济过热的担忧，中央对银根、地根的紧缩政策会进一步增强，导致城市投资公司的融资难度和风险加大。

事实上，自 2005 年 1 月份以来，财政部、国家发改委等国家有关部委就先后多次发出通知，对地方财政违规担保、财政负债、银行授信和打捆贷款进行严格整顿和规范。2006 年 4 月，国家发改委等五部委更是发出通知，明确要求"金融机构要立即停止一切对政府的打捆贷款和授信活动"。在这样的背景下，那些纯粹作为地方政府融资平台的城投公司发展面临着巨大的挑战。

曾经成功解决多个城市建设开发难题的大岳咨询公司，对于城投公司的现状与发展感触颇深。大岳咨询公司总监李伟认为，城投公司想要有所作为，妥善处理好以下几方面的问题至关重要。

把握角色定位

在通常情况下，城投公司是担负着特定的使命而成立的，其角色定位往往通过政府文件或会议纪要等形式予以确立。国家发改委投资研究所课题组认为，在经济比较发达、市场经济体制比较完善的地区，已经出现了一批纯市场化的城投公司，比如北京的首创，它们应该是未来政府投资公司包括城投公司发展的方向。但是，在大多数地区，政策性和市场性混合的城投公司可能还会在相当长时间内存在。作为政府授权对城市建设开发进行投融资的城投公司，并不是完全按照市场化方式运作的投融资公司，而是带有一定政府性质的特殊公司或市场经营主体；有的城投公司还不是以企业法人注册，而是以事业单位性质存在，并享有相应行政级别。

大岳咨询公司总监李伟认为，依据城投公司职能的不同，可以将其分为五种类型：一是政府融资平台，这是最为基本的职能；二是政府统筹城市开发建设资金的平台；三是城市基础设施及公用设施投资、建设、运营的主体；四是城市土地一级开发的主体；五是新城或开发区投资建设主体，包括投融资、开发建设以及管理等职能。

"从文件层面来看，这些定位是较为明确、清晰的，但在实际工作中经常会出现城投公司与政府相关部门相互争权或推诿扯皮的事情，导致城投公司的工作处于被动局面，阻碍了城市开发建设的进程"，李伟说，"因此，把握好城投公司的角色定位，是地方政府和城投公司需要共同解决的问题。只有明确角色定位，才能把控好发展方向，减少摩擦和阻碍，促进城投公司健康、可持续地发展。"

做好"四个统筹"

李伟认为。城市开发是一项系统工程，对于城市开发系统内的单个问题不能用孤立的观点来看待，而是应该通盘进行统筹考虑。传统的城市开发两阶段模式（城市规划—城市建设）由于缺少资金统筹环节，容易导致城市规划与建设脱节。正确的做法应该是在城市规划完成后，运用系统工程方法进行资金统筹，从操作层面上解决城市开发的资金和建设统筹问题。该方法可以优化城市开发流程，对于政府决策有一定的指导作用。

统筹建设资金还只是一个方面，对于城投公司来说，在城市开发建设过程中，至少需要做到"四个统筹"：一是统筹投资项目，合理界定政府的投资范围，防止政府在城市开发建设过程中出现缺位、越位或者错位的现象；二是统筹建设资金。既要扩宽融资渠道，又要安排投资方向，还要制定投融资计划，以实现动态资金平衡；三是统筹建设时序，合理安排政府统筹项目与商业开发项目的建设时序，从而在保障规划落实的前提下最大限度增加政府收入；四是统筹城乡发展，在城市化转变过程中兼顾城市与农村，充分保障被征地农村和农民的利益，实现共同发展。

保障规划落实

城市规划是城市建设的蓝图，作为城市建设的主力军，城投公司往往担负着按照城市规划组织建设工作的职责。然而城市规划方案只能提供一个城市的发展方向、限制条件和控制措施，无法指导具体的实施工作。为使规划成果更具有可操作性，需要在规划完成后针对规划落实进行专项研究，制定实施保障方案，以规范城市开发建设行为，减少违规现象的发生。

> 在同一个新城开发项目中，城投公司与房地产开发公司及其他社会投资人并存的现象比比皆是，如何通过合理的建设管理模式协调、理顺城投公司和其他投资人的关系是摆在城市管理者面前的一大难题

目前，大岳咨询公司的方法已经帮助一些地方政府和城投公司在落实城市规划方面取得了很好的成效，并得到了客户和专家的认可。

《中国投资》了解到，北京房山区长阳镇的开发建设就得益于大岳咨询公司的设计。长阳镇面临着 9.17 平方公里的城镇建设任务，整个城镇开发需要投入 50 多个亿，仅靠政府财政投入是远远不够的。长阳镇镇政府委托大岳咨询公司进行了投融资规划，力图在现行政策框架范围内，合理解决长阳镇的城镇建设资金统筹问题。

大岳咨询公司制订的投融资规划明确了市场与政府的界限，确立了镇政府的职责。进而，规划本着节约集约用地的原则，细化村庄搬迁改造方案，并且明确资金来源与回收方式，制定合理的开发计划。

此外，投融资规划通过资金统筹设计了开发系统资金平衡模型，由镇政府统筹的市政、公共设施建设成本、村庄改造成本、征地成本及其它成本，在镇区可出让的经营性土地进行了分摊，使得各相关利益主体能够实现利益均衡，既保护了农民利益，村集体经济获得了运营成本，又加强了政府执政能力，并且使开发商获得了合理的利润回报。

明确建设管理模式

城市建设工作的复杂性决定了其管理工作的复杂性，不同的管理模式将影响城投公司的参与方式及发挥的作用，李伟认为，选择一个正确的建设管理模

式,是城市建设开发能否顺利进行、圆满完成的关键之一,这个问题应该引起城投公司的高度重视。

事实上,在以房地产开发公司为首的各类社会投资公司日益壮大的今天,城投公司与其在业务范围上存在一定程度的重叠,导致了同业间的竞争问题。在同一个新城开发项目中,城投公司与房地产开发公司及其他社会投资人并存的现象比比皆是,如何通过合理的建设管理模式协调、理顺城投公司与其他投资人的关系是摆在城市管理者面前的一大难题。

记者了解到,大岳咨询公司曾对广东省某市的新城开发建设做过此类咨询。该市的城投公司是政府指定的新城开发主体,但其经营主体的内涵一直比较模糊。除了城投公司之外,还有另外两个重要的开发主体:一个是该市发改委下属的城投公司,享有面积达 3 平方公里的新城土地开发权益;另一个是知名的房地产企业,政府为了解决资金问题给了它 5 平方公里新城土地的开发权。同时,各强势政府部门对于开发区土地也跃跃欲试。

大岳咨询公司发现,新城土地被肢解后,各个单位各自为政,各做各的规划,导致基础设施规划混乱,无法衔接,为城市建设和运营埋下重大隐患。而且,城投公司与其他开发主体之间形成了职能上的交叉和重叠,导致相关事件的扯皮和推诿。在大岳公司的建议下,该市政府统一和确立了新的开发建设管理模式,建立了分层管理机构,并由政府高层统一对土地进行规划批准,并且明确了各类经营主体的职权范围。在这个过程中,城投公司及时转变角色定位,形成了"城投公司+开发商"的新城建设管理模式,有序地推动了新城开发建设的进程。

相对于我国的城市化进程而言,城投公司还是一个新生事物,将来要走的路还很长,而其扮演的角色也将越来越重要。面对机遇和挑战,相信每个城投公司都会认真考虑将来的路该怎么走,希望城投公司在正确的抉择下顺利前行。

(原载于《中国投资》2007 年第 11 期)

用好城市资源　变投入为产出

在最近走访城投公司的过程中,很多城投公司的管理者都谈到了城市开发过程中应经营好哪些资源的问题。过去,城市经营的对象常常被理解为以土地经营为主,现在通过投融资规划的制定和实施过程,我们进一步理解,城市经营的资源范围是很宽泛的。医院、公园、学校等公共服务设施曾被普遍认为是需要城市政府高额投资建设的纯投入性配套设施,现在看来,只要开发建设时序安排得当,过去认为纯投入性的配套设施其实也是为城市创造价值的重要资源。

举例来说,一个公园,如果在周边土地出让完成后再去建设,公园就是配套性基础设施,是政府的纯投入性项目;但如果在周边地块出让之前完成建设,公园就成为提高周边地块土地成熟度的重要因素之一,会有效拉动周边地价的合理提升,为城市政府筹集更多的资金,此时,公园即成为了城市经营的资源,城市政府的建设"投入"很快在土地收益上转换为"产出"。

那么,要如何把纯投入性的配套设施转变为城市经营的资源,如何变投入为产出呢?

树立城市经营意识　制定城市开发经营战略性措施

要变投入性配套设施为可经营的城市资源，首先需要树立城市经营的意识，制定城市开发经营的战略性措施。

对很多城市政府而言，公共设施的投资建设之所以变成了城市政府的资金负担，就是因为合理利用城市资源的城市经营意识没有树立起来，缺少对可利用资源进行通盘统筹的环节，城市开发在资金压力下只能见招拆招，走一步算一步！

在实际操作中，城市开发的战略是因人而异的，一旦城市政府的领导班子换届，管理思路就会产生变化，难免导致严重的重复建设，使得过去的政府投入无法转变成未来的产出。

事实上，不少城市政府认为，不是城市没有开发战略，而是没有一套统一、可持续的城市开发经营的战略性措施。就这个问题，通过深入调研我们了解到，大多数城市只有城市空间战略规划，国民经济发展的五年规划等远景性、战略性规划，缺少一个可操作的具体措施。我们的党代会和两会上经常提出一些城市发展的战略性思想，但没有具体的实施性细则，并不具有执行力，换人就换发展思路的情况因而不可避免。

> 只要城市政府树立科学的城市经营意识，制定城市开发经营的战略性措施，将开发建设时序安排得当，一些过去认为纯投入性的功能设施也能成为可经营的城市资源

因此，要在城市建设的过程中真正落实经营思想和战略规划，保持其实施的连续性，就需要从整个城市的层面考虑，进行通盘统筹，科学发掘城市的可利用资源，制定一系列城市发展战略的实施性措施，明确各阶段的目标和工作内容，并落实实施的部门，如城投公司等。实施性措施的制定过程，是将经营思想和战略规划延伸到实际操作的过程，从而形成城市发展政策层面一个有步骤、可操作的具体措施。

与投融资环节妥善衔接　确保战略措施有效落实

大岳认为,当城市政府树立起经营意识、制定出战略性措施后,最关键的一环是从项目管理的层面把握好投融资的环节。

实践中有很多战略与建设脱节的案例,究其原因就是投融资环节出了问题。

战略性措施在投融资环节的落实主要从两个方面入手,一方面是各类项目建设的融资结构,另一方面是开发建设的时序安排

在投资建设的资金压力下,如果缺少投融资环节的具体实施步骤,项目实施对经营思想和战略规划的落实则会力不从心,迫于一些当前问题的解决,难免打破经营思想与战略措施的整体布局,往往会在解决一个问题的同时制造了更多的问题和隐患。

要避免类似现象的出现,需要根据政府的基本精神,围绕城市开发的思路,将政策层面已确定的经营思想和战略性措施进一步延伸到项目管理层面的投融资环节。

正如前几期专栏内容所述,战略性措施在投融资环节的落实主要从两个方面入手,一方面是各类项目建设的融资结构,另一方面是开发建设的时序安排。

融资结构需根据城市的财政状况和所建项目的功能特点设定安排,一要考虑政府的财政负担,城市的开发建设往往涉及项目长期的建设和经营,如市政基础设施的特许经营项目,因此需通过动态财务测算,分析各类项目的融资方式总体情况对政府财政的影响,是否具有可行性和可持续性,是否会给政府后期的经营管理造成过重的财政负担。二要兼顾经济效益和社会效益的实现,要充分考虑社会资本的逐利特性,避免因社会化融资建设而导致城市功能缺失。

此外,在城市建设的融资安排方面,还须注意政府与投资人合作过程中的合同管理,明确双方的责权边界,建立促进风险管理与目标管理的协调机制。

在开发建设的时序安排上,城市经营建设者应根据城市建设规划,结合各类项目的融资方式,充分考虑所建项目的功能性质及其带动土地熟化的催动力,参考动态财务分析测算出的投资峰值及现金流量,确定不同项目的开发建设时序。在资金和市场环境适宜的情况下,将后期只能成为纯投入项目的功能性设施适度超前建设,使其成为可带动土地价值合理提升的城市资源。

(原载于《中国建设报》2008 年 9 月 4 日)

建好城投融资平台　完善城市投融资体系

随着各地城市化进程的不断加快,资金不足成为制约地方公共基础设施发展的一大难题。过去,许多地方政府主要采取两种方式解决,一是吸引私人资本参与,二是增加财政投入。但对于很多城市而言,经济基础薄弱、城市公共基础设施投资期长、投资回报不确定等,都导致私人资本参与这一领域的投资积极性不高,形成了城市公共基础设施建设主要依赖财政投入的局面。然而,这很难满足社会经济发展的需求,于是很多政府提出投融资体系建设的问题,以直接和间接的融资方式筹集建设资金,从而加快推进城市基础设施建设的进程。众所周知,城投公司是城市政府的投融资平台,如何利用好现有的城投公司,完善和建设好城投公司的职能,增强其融资能力,将有利于投融资体系的良性健康发展,黄山市的做法值得借鉴。

作为建设运营主体,城投公司面临更多挑战

城市经济发展的不同状况,以及城投公司角色定位的差异,决定了城市开发采用着不同的投融资模式,其所面临的风险与压力也不尽相同,主要体现在

以下两个方面：

一是筹资压力及资金风险。部分城市的城投公司其角色定位为地方政府的融资平台，这一定位容易使城投公司因资产负债率过高而难以持续取得银行贷款，城投公司的长远发展无法得到保障，为政府融资的功能也只能在有限的期间内得以实现。正如我们上一篇专栏中提到的，这种通过城投公司进行城建举债的做法，易使城市陷入政府信用受损、金融生态环境及市场环境遭到破坏的局面，城市建设更面临资金断链的风险。

二是资金使用效率和建设运营成果的压力。许多城投公司不仅承担政府融资平台的职能，同时也是政府统筹城市开发建设资金的平台，是城市基础设施及公用设施投资、建设、运营主体，也是城市土地开发主体和新城（区）投资建设主体。这类城投公司已在融资能力上具备其自身"造血"

> 与新城开发的投融资规划工作相比，旧城改造项目需要盘整的城市资源更加广泛，更容易出现"牵一发而动全身"的问题，各相关利群的利益更加难以平衡

功能，亟待解决的是如何在城市建设的过程中有效提高资金使用效率、保障城市建设及各类设施运营成果。

在不少新城（区）开发建设的实践中，都存在着整体统筹缺位、政府各部门协调困难等问题，导致规划无法落实、服务设施不全、盈利项目重复建设、资源浪费、开发成本难以控制等一系列问题的出现。而在旧城改造的项目中，所涉及的利益群体更多，全方位的统筹协调工作难度更大，提高资金使用效率并加强城市建设运营成果就成为更具挑战的难题。

对于如何缓解筹资压力、降低资金风险，我们已在以前的专栏内容中多次提及，本文主要就如何在城市建设过程中提高资金使用效率、加强建设运营成果进行讨论。

深化统筹协调,确保投融资规划指导实践

黄山市城市建设投资(集团)作为黄山市政府城市基础设施建设的"融资总渠道、资金总账户、项目总监管",采取主动措施化解风险和压力,探索出了城市投融资体系建设的经验和做法,用落实统筹、深化协调的办法有效地把握住投融资的大局,协助城市政府进行城市建设投融资。

黄山城投此次聘请大岳咨询公司进行投融资咨询的项目是较新城开发更为复杂的旧城改造项目,同时概涵了旧城改造和城市空间随城市发展向外正常演进的过程。与新城开发项目相比,旧城改造项目的投融资规划不只是要进行资金分析预测和安排建设时序,它一方面要对用地现状特别是已建成设施进行摸底,另一方面,无论是待建设项目还是待供应地块,都有可能需要置换或拆迁。因此,与新城开发的投融资规划工作相比,旧城改造项目需要盘整的城市资源更加广泛,更容易出现"牵一发而动全身"的问题,各相关利群的利益更加难以平衡。

黄山城投作为市本级城建资金的蓄水池,要统筹考虑的资金来源多、数额大,其中债务融资的还本付息也需要衔接到未来的投融资规划当中。

那么,如何制定出科学合理的投融资规划并确保其在城市建设中得以实施呢? 黄山市主要领导和部门之间达成共识,强调投融资规划过程中政府各部门的深度参与,在投资方面明确待建项目、投资估算、建设时序,在收益方面明确待出让地、地价估算及供应时序,同时共同决策、选择资金来源和筹资规模,这样编制出来的投融资规划既符合各职能部门操作的实际情况,又便于协调平衡各部门的需求,更便于实施。

为使政府各部门能够真正参与投融资规划的编制,黄山市的领导组织包括发改、国土、财政、建委、规划、房管、城管、教文体卫、人民银行等各市级相关部门的主管领导,成立了"投融资规划编制领导组",要求投融资规划编制过程中的重要阶段性成果都要在领导组讨论通过。

　　此外,由各单位派出骨干作为联络人,成立投融资规划编制办公室,投融资规划编制办公室作为工作平台,主要任务是制定中心城区空间发展边界,并把中心城区划分成不同板块,明确每个板块未来五年的建设发展程度,制定决策支持方法,编制决策支持模型,再由各职能部门提出需求和意见,从而使投融资规划成为切合实际并能真正指导城市建设实践的实施方案。

(原载于《中国建设报》2008 年 10 月 30 日)

如何构建城市建设投融资体系

最近看到很多地方政府提出构建投融资体系的做法，感到欣慰的同时，也产生了一些新的担心。过去有一段时间，地方政府在建设和管理过程中没有摆脱计划经济时代行为方式的影响，地方政府看菜吃饭，眼睛盯着上级政府的投资，看着地方财政这个锅里到底有多少可以支配的资源。最近十几年来，各地政府对基础设施和公用设施投融资体制的改革进行了积极探索，开发银行与地方政府的政银合作，初步拓展了城市建设的投融资渠道。但这些做法远远无法满足社会发展对政府配套基础设施和公共服务设施的要求，尤其是在土地新政以及城乡统筹发展的观念提出之后，对地方政府基础设施和公共服务设施的投融资需求明显加大。

在这样的前提下，很多地方政府提出了尽快改变本地区基础设施和公共设施落后的局面、构建和完善投融资体系的想法，以期快速改变城市建设面貌，有的地区甚至就此形成了地方党委的决议。由此不难看出，投资冲动是很多地区构建投融资体系的原因之一。我们认为，避免投资冲动，构建科学合理的投融资体系至关重要。

科学的投融资体系是理性开发的决策基础

近年来,随着城市人口的不断增多,市政公用设施投资力度也在不断加大,许多城市的城市建设投融资体系出现了令人担心的隐忧。不久前,央行机构发布的一份研究报告显示,在快速的城市化建设进程中,城市建设资金需求急增,大量投资回报不确定的城市建设项目成为财政性融资对象,地方政府不得不承担城市建设大部分的资金供给。另一方面,地方政府财权有限,需要办的事却越来越多,还要兼顾地区经济发展,这种情况下地方政府过度举债的局面就极易形成,而一旦地方政府的信贷举债负担超过了地方财政的支付能力,即可能导致财政风险和金融风险,城市建设的投融资体系也会随之面临资金断链等严重问题。

地方政府的过度信贷举债现象,主要可归结于两方面原因,一是地方政府关注"形象工程"冲动投资;二是城市建设筹资融资活动缺乏理性规划。

正如我们以前文章中所提及的,

> 根据不同城市的情况和需求,投融资规划一方面可以通过盘整城市现有资源提出有效融资的政策建议;另一方面也可通过土地价格评估模型等分析工具,在城市开发建设由政府主导向市场化运作转变的过程中,为地方政府提供有利参考

由于部分城市领导者在发展观及政绩观上的偏差,往往在地区内形成违背经济规律的投资热,而地方政府大规模举债进行城市建设的行动目标,是希冀在最短时间内改变城市面貌,改善投资环境,有效吸引外来投资者,增加土地收益和地方税收,并以此作为偿债机制。但是,这一目标能否成功实现,取决于地方政府是否预先进行了科学的资金使用安排和风险分配,并形成着眼全局切实可行的投建安排。

如果地方政府的投资活动缺少这样的分析预测和投建安排,往往会使得不同部门分管的不同类别的城建投资缺乏整体布局意识,形成与当地经济发展规律不相符的无序投建局面。而各地未经系统规划即出台的招商引资政策实际

上极大地降低了企业的投资成本,也在相当大程度上扭曲了市场信号,误导了企业的预期。企业市场行为的扭曲,势必影响当地产业发展的可持续性,妨碍地区经济的科学发展,这不仅会使地方政府通过经济增长形成偿债机制的构想化为泡影,还会对地方政府的信誉产生不良影响,同时使当地产业发展环境及金融生态环境受到严重威胁。

因此,在城镇化进程不断加速的许多地区,地方政府更应关注的是如何在大兴投建之前,构建起科学合理的城市建设投融资体系。

投融资规划助力城市建设投融资体系的发展

面对城市化建设过程中大批需要由地方政府投资建设的城市基础设施,许多地方政府在深化城市建设投融资体制改革的过程中探索出很多新的方式,投资主体与融资渠道也在逐步实现多元化,以政府引导、产业化运作的城市基础设施经营管理制度也在不断健全。

在这一过程中,各地政府需要从全局调控的角度制定一个科学可行的投融资实施方案,通过资金使用分析及风险预测指导各类城市建设项目按照市场经济的规律筹措资金,形成有多种投融资渠道、多元化投资主体和多类投资政策构成的科学的投融资体制。

大岳咨询公司多年来作为城市开发投融资咨询机构,将系统工程的理论与方法运用到城市开发建设的投融资规划体系中,以城镇规划为依据,通过筛选各类待建项目的投资建设主体明确地方政府的投资范围及投资额度,并结合开发理念和地区经济、社会等实际情况合理拟定开发建设时序,同时根据当地经济及财政状况确定资金来源、融资方式及投资回收方式,从而使投融资规划成为城市开发建设决策的支持工具,有效避免冲动投资和非理性筹资的同时,使城市开发建设进入更加科学高效的轨道。

投融资规划其实质是在城市开发建设的规划环节与建设环节之间搭建起
"统筹实施"这一桥梁,确保规划便于落实、建设更加高效。根据不同城市的不
同情况和需求,投融资规划一方面可以通过盘整城市现有资源提出有效融资的
政策建议;另一方面也可通过土地价格评估模型等分析工具,在城市开发建设
由政府主导向市场化运作转变的过程中,为地方政府提供有利参考。

(原载于《中国建设报》2008 年 10 月 23 日)

建设新城需良方

建设新城是加速城市化进程的途径,然而前期在组织结构、规划、资金预算等问题上考虑不充分、设计不全备的情况下,后期建设要么无法正常推进,要么成为一个入不敷出的财政大窟窿。

如何规避这样的风险,减少建设中的人力、物力、财力损失,从北京大岳咨询有限公司(简称大岳)为广东某市一个在坎坷中前行的新城建设项目排忧解难过程中,我们可以获得一些有益的启示。

2007年1月,大岳接到广东省某市一个城市投资公司(简称城投)的求助电话。4年前,城投受命将一个搁浅多年的新城建设规划重新启动。然而时光飞逝,几年过去后,新城建设进展缓慢,困难重重,之前的计划按眼前的光景,亦很难实现。

大岳项目总监李伟说,接手城投的项目后,发现这是一个典型的新城建设前期考虑不周的项目。同类似的新城建设是一个大统筹项目一样,该市的新城建设也由城投统筹开发,但在过去3年(2003—2005年)的统筹过程中,项目陷入步履维艰、难以为继的地步。

根据对项目的仔细分析,大岳的专家们发现,在政策框架层面,该项目条件完备,涉及到的相关文件几年来没有变过,开发建设由政府带动,城投是经营主体。但里面出现一个典型的认识误区,政府将经营主体和政府行政开发主体等同一个概念,认为政府只要把任务全权交付,政府各部门就可以不用负责任,当起甩手掌柜。这种结局使城投很多事情做不了,例如新城的一根电线杆到了非常危险的地步,但是由于涉及多个政府部门,城投甚至不能处理这根电线杆。可见,一个企业要想单独完成城市开发工作那是不可能的。

"政府把城市建设当成房地产开发,房地产开发公司做的是大盘,新城建设就是一个超大盘,这种理念的误区在目前很多新城建设项目中都存在",李伟说。

除此之外,新城的前期规划、融资渠道等问题也没有理顺,各种因素导致城投的建设工作异常艰难,前途渺茫。

2008年4—5月,经过详细的调查分析,大岳为城投和当地政府提供了两份咨询报告,报告中的思路和操作手法,让城投和当地政府拨云见日,调整了过去的观念,修改了过去的规划和思路,项目重新前进。

界定责任边界

该市原是一个有名的工业城市,地理位置重要,素来是兵家必争之地。改革开放前,它的经济发展很不错,但在之后的一二十年发展中大大落伍。该市三面环山,被三江分为几块,交通差,人口拥挤,经济发展受到限制。为此,市政府曾提出在15年时间里建设一个新城目标,为旧城拓展城市发展空间。

整个新城规划面积是20平方公里,通过在新建两条隧道连接新城和旧城。新城位置也是原来该市一个依山傍水、自然条件良好的小镇。

大岳高级经理郑利国是该项目负责人。他对《中国投资》杂志记者说,2003年到2008年是规划中的第一个五年,但当他到新城现场调研时发现,除一条连接新旧城区的大道还在修外,新城建设几乎没有什么大的动作。

大岳调查发现,城投是政府指定的新城开发经营主体,但经营主体的内涵一直没有弄清楚。其实除城投之外,还有另外两个重要的开发主体:一个是该市发改委下属的投资公司,它将在新城区内兴建新火车站和周边配套广场,开发面积达 3 平方公里。另一个开发主体是一个知名房地产企业,因为名气大,开发号召力强,政府为招商引资,让他圈了 5 平方公里的土地。

剩下的开发土地多属于规划的政府行政办公用地和少量出让地。不过,一些强势政府部门先下手为强,在新城离江近的土地中先拿走一块 200 亩地,按现行节约用地原则,该部门最多不能超过 30 亩地。见此,其它强势部门跃跃欲试。

> 任何一项开发建设项目都有外部性,早期开发投入很多,收益却不会很高。如果等周边土地基本成熟了再来建设,会收到事半功倍的效果,收益也会水涨船高

此外,城投作为经营主体,出钱、融资可以,但象征地一类的难题,城投是做不了的,还须由政府出面。

郑利国说,面临的众多难题,是作为企业的城投根本无法解决的。

于是在第一份报告中,大岳首先建议建立分层管理机制:确定一个政府领导小组,由市政府成立;建一个指挥部或者叫管委会,一个绝对的管理机构;另外就是执行机构,即城投或是以其为主。

4 月下旬,一个大的转折出现,审阅了大岳的首份报告后,书记、市长史无前例地共同召集了设在城投公司的现场办公会。会上统一了认识和确立了新的开发思路。第一,要求统一规划,避免在基础设施建设和运行方面出现问题;第二强调规划的严肃性,不管是谁来批地,都要通过充实后的新城办决定,实现新城统一开发,副市长亲自提纲新城办主任,任何人要地,必须经过新城办批准。此外,所有出让用地项目的策划都有经营主体来做,所有建设用地都要分摊基础设施投资。市政府与当地区政府签订征地拆迁责任书,后者负责征地拆迁的具体实施。

"新决议为经营主体扫除了新城开发建设中的重要难题,让它做自己能做的事",郑利国说。

再造规划

调研中,大岳公司的专家们发现了几个规划方面的问题。一方面,土地被

肢解后，各个单位各做各的规划，基础设施规划混乱，互相不能衔接，为将来运行埋下隐患。另一方面，规划中的绿地设计标准高得离谱，根据大岳测算，高达40％，而建设部的城市绿地标准是 8％－15％，好一点的城市是 20％。这种超高绿化标准带来的后果是土地开发成本也高得离谱。因为建、养绿地的投资需要出让用地分摊，而绿地却不能分摊基础设施投资，且绿地比例的增加在一定程度上削减了可出让用地的面积。

此外，新城规划原来的规划是按三纵、三横、三片（行政中心、居住区和商贸区）进行开发，但出于多方面的原因，市政府不得不考虑暂缓启动行政中心的建设。

作为商业投资者，房地产公司圈了地，但并不急于建设。郑利国分析说，任何一项开发建设项目都有外部性，早期开发投入很多，收益却不会很高。如果等周边土地基本成熟了再来建设，会收到事半功倍的效果，收益也会水涨船高。

以上两片的开发难以全面展开，但对规划来说，有几个项目是必建的。一个是 2010 年要开通的新城火车站及周边地带，被称为"一点"；另一个是在建的南北向大道，连通旧市区和高速公路，叫"一纵"。还有"一横"，这条路比较长，是原来的小镇上一条最好的道路，但需要拓宽。

大岳围绕"一纵"、"一横"、"一点"给城投提交了第二份咨询报告，即"近期项目开发方案"。方案借鉴 TOD①、SOD②和 AOD③等新城开发理念，结合当地实际，提出了具体项目开发时序和工作计划。

所谓 TOD、SOD、AOD，分别是指就交通设施适度先行、服务设施和公共设施适度先行以及规划合理预期导向的新城开发理念。

郑利国解释说，交通基础设施对政府或开发经营主体来说，是迟早要建设和运营的，而且在交通服务运营早期，可能因为客流少造成一定的亏损。但是，这可以催化地价的自然提升，增加的收入完全可以覆盖建设投资的财务费用和前期运营亏损，而且这种地价提升是二级开发商所愿意支付的。如果没有一个好的交通基础设施，不仅地价很难上去，新城开发节奏也会慢下来。

SOD 指服务设施适度先行。该市旧城的突出问题是环境比较差，三面是山,没有开发空间,楼之间的间距非常小,差不多可以握手。但新城环境很好,有些天然的景观规划成公园,而且南方气候好,环境优美。景观、水系和公园、教育、医疗、体育和社区服务设施,也是迟早要建的,适度超前的建设和运营对地价影响非常大,这些设施在入住前或同期交付,对地价的提升大有帮助。

AOD 指规划合理预期导向的新城开发理念,市政府把新城规划为行政、商贸、居住功能区,对吸引二级开发商和终端消费者非常有吸引力,需要通过实际投资、规划宣传和政策支持,引导社会对新城发展前景的合理预期,这对提升新城地价和新城发展具有深远意义。

郑利国说,借鉴 TOD、SOD 和 AOD 开发理念,大岳将新城开发分成不同阶段,并提出了前 5 年的开发时序和项目计划,具体到每一年建设的内容、投资额、经营收益等。

李伟认为,从实际的经济利益来讲,这种开发、投入和产出比是合适的,一方面不致于给后期造成财政负担,政府也做到将价值最大化,而这些价值是二级开发商或老百姓愿意为此支付的,而非强加给他们。

李伟称“近期项目开发方案”引入了“城市经营总策划”思想。房地产开发商在经营一片土地时很善于策划,通过引入基础设施、教育设施,开发商拿到了超额利润,而这种价值政府也可以创造。

不过,大岳研究了很多城市开发模式后发现,政府往往走的是自然开发路线。修一条路,然后开始卖地,接着建基础设施,随着城市逐渐成熟,入住率逐渐提升,地价逐渐提高。这种状况是政府收入了很少的地价,消费者却没有得到很好的服务。因为毕竟交通不方便,娱乐、购物、体育、公园等休闲场所各方面都满足不了居民需求,这种地价也是以给消费者提供的低廉服务为前提。大岳的原则是在不损害消费者的福利基础上创造价值。

前边提到的超高标准绿地规划也得到改进。郑利国告诉《中国投资》,在大岳的报告出来以后,政府很重视,在重新做控规时已经进行了适当调整。大岳公司的第二个方案也得到了城投和市政府的认可,新城项目按照新思路在建设中重新起步。

创新融资新思路

按最初规划测算,新城的一级开发总计需要八、九十亿元资金,这对"家底"甚薄的城投来说,是一个天文数字,市财政也难以支撑。此外,当地银行贷存比仅 30%,大大低于央行要求的 75%,表明地方信贷环境较差,更难以寻求商业银行对新城开发的资金支持。

城投的资本金也不高,账面算下来有 7—8 亿,但真正的货币资本只有 1 个亿,还用在修路上。这种情况下,再好的规划,城投也是巧妇难为无米之炊。

大岳项目组发现,政策性银行是城投的重要融资来源,城投是该市向国家开发银行借款的融资平台,开行对该市有一定的授信额度,前提是要用于符合条件的具体项目,另外开行贷款限于项目所需资金的 65%,即 1 个亿的建设项目,开行贷款 6500 万元,政府或城投自筹 3500 万元,但这 35% 也难住了手头紧张的政府和城投,融资方面的问题也相当大。

在投融资方面经验丰富的大岳在报告中提出了许多新思路和新方法。郑利国说,因为新城开发整体项目比较大,我们建议分解项目选择适当的融资方式,还可以通过 TOT④ 方式盘活老城区存量资产,以此支持融资建设新城基础设施。此外,新城开发需要征地先行,可以发行土地收益支持的信托、债券进行融资。

郑利国分析,新城开发的资金压力主要在前两年。据大岳项目组测算,第三年以后,基础设施和服务设施等初具基础,政府可以渐次推出一些出让用地,收益用于新城开发,第三、四、五年资金压力大大缓解,第五年还能收回部分投资。五年后,新城框架初步形成,滚动开发可期,新城将在一个科学、合理的决策支持体系下一步步建成。

(原载于《中国投资》2007 年第 9 期)

注:①TOD(Transit-Oriented Development),即以公共交通为导向的城市用地开发模式。利用政府规划垄断权带来的信息优势,在规划的建设区域首先按非城市建设用地征用土地,然后通过基础设施——主要是交通基础设施——的建设引导开发,促进城市空间的合理有序增长,最终形成布局紧凑、功能复合和具有人性化的城市形态,达到价值提升和城市可持续发展的目的。

②SOD(Service-Oriented Development)是指通过社会服务设施建设引导的开发模式,这是近年来我国城市规划与建设中产生的一种新方式。所谓 SOD,即是政府利用行政垄断权的优势,通过规划将行政或其他城市功能的迁移,使新开发地区市政基础设施和社会服务基础设施同步形成,达到价值提升和城市可持续发展的目的。

③AOD(Anticipation-Oriented Development)即规划理性预期引导的开发模式,这是一种城市规划-城市经营整合概念,是一种城市经营的新手段。政府采用引导的方式,通过预先发布某些地区的规划消息,公开相关信息,来激发、引导市场力量进行先期的相关投入,以尽快形成与规划目标相一致的外围环境和所需氛围,以便于政府在最为适合的时机,以较小的投入即可实现原先的规划建设意图。

④TOT 是 Transfer-Operate-Transfer 的缩写,即移交-经营-移交。TOT 是 BOT融资方式的新发展,是指政府部门或国有企业将已建项目一定期限的产权和经营权有偿转让给投资人,由其进行运营管理;投资人在一个约定的时间内通过经营收回全部投资并得到合理回报,在合约期满后,再交回给政府部门或原单位的一种融资方式。TOT 也是企业进行收购与兼并所采取的一种特殊形式。

第四章

土地一级开发

投融资规划应关注建设时序

房子成批盖起来了，但道路、供水、排水、供热等基础设施严重短缺，这种先盖房后修路、再修下水道的错误建设时序，造成污水横流，建筑垃圾遍地，绿地大量被占用，城市的生活环境质量持续下降——住房与城乡建设部副部长仇保兴曾经历数了我国城市规划的怪现状，并表示"城市建设时序混乱，城市基础设施严重不足和重复建设浪费并存。我国城市规划的现状令人困惑"。

大岳咨询公司总监李伟告诉记者，城市建设和土地一级开发是一项需要巨额资金、有序进行的复杂工程，而投融资规划中的开发建设时序，不仅从规划的角度具有其重要性，从投融资的角度来看，更直接关系城市开发建设的成败。

建设时序关系资金风险

在新城开发这一长期的投融资活动中，如何安排有限资金的使用，使其能够持续满足开发建设的需要，是当前城市开发项目普遍面临的难题。

在实际的开发建设实践中，开发建设前期以土地供应收入为主，可出让土地的实际收益是寻求新城开发投资与收益平衡的主要支撑。然而，新城开发过程中的资金不足甚至资金断链却并不鲜见。李伟指出,主要原因是土地出让时的价格往往无法体现其合理价值,从而导致城市开发因资金短缺而难以持续进行。

大岳认为,资金的使用不仅要考虑其空间上的投放,更要考虑其时间上的配置,这就需要充分考虑土地价格因素在城市开发建设资金链中的重要作用,处理不好这个问题,可能直接导致开发建设资金的风险。

具体而言,影响土地价格的因素涉及多个方面,对于实施开发建设的城市政府/城投公司而言,能够控制的主要是土地出让时各类配套设施的成熟程度,这是土地价值构成的主要因素。

可提升土地成熟度的各类城市基础设施、公用及公共服务设施,同时也是以物质形态为特征的城市基础结构系统,这些功能性设施配套数量充分与否、质量过硬与否,都会影响居民的福利价值,也影响城市的吸引力。城市基础设施及公共服务设施的完善是城市定位各种基本功能的基本要求,这些功能设施的个体质量、空间匹配等质量状况影响着城市功能的发挥,其质量高,匹配合理,纵横交织,点线相连,构成完整的生产服务体系,将为城市产业提供充足适宜载体和良好的外部环境,可以直接增强城市的功能,同时合理提升土地价值。

改革开放以来,巨大的城市投资建设规模,经常令管理与服务难以兼顾周全。一方面城市面貌不断变化,另一方面不断开挖的城市道路影响出行以及带来环境污染。城市建设如果不讲究时序安排,管理与建设、建设与服务等无法达到平衡配套,巨大的城市建设投入往往就会产生事倍功半的效应。

李伟建议说,在各类建设项目启动之前,应尽可能事先制定科学的、符合城市发展规律的开发时序,切实提升土地成熟度,在不损害消费者利益的前提下,明确土地出让条件和净地出让方式,使土地价值得以体现,力求实现城市开发资金平衡目标。

时序开发的模式选择

"罗马不是一天建成的",同样道理,城市所具有的空间环境也非"一日之工"所能建成,而是经过长期的积累形成的。

大岳基于对各项规划的分析和现实的理解,采用定性和定量结合的办法,设计并创建了城市建设的时序开发模型,为策划不同地块的开发时序提供依据。

时序开发模型是在公共交通导向型发展(TOD①)和公共服务导向型发展(SOD②)等城市开发模式的基础上,通过对基础设施和公共设施在时间和空间上的作用进行合理评估,从而选择确定合理的开发时序,指导政府或政府与土地一级开发投资人合作的开发工作,打造设施完善、环境优美的城市新区,使潜在投资人和消费者对未来城市设施环境形成可信的预期,愿意为此支付合理价格,以最终实现良好的城市功能并达到资金平衡的目标。

通过安排不同地块的开发时序,投资建设有带动效应的功能性项目,有效提升周边地块的土地价值,以推动项目的滚动开发。例如,在新区的建设中适度超前完成交通线路的建设,以此接通新老城区的联通、带动新区人气,提升新区土地价值,这是公共交通导向型发展的典型做法之一;再如在城区中心的建设中,城市开发建设者可提前取得中心周边的土地,适度先行投建中心周边的绿地、水系并引入知名医院、学校等公共服务设施,以此带动周边地块的土地升值,这是公共服务导向型发展的一种有效做法。在土地价值得以提升后,再出让土地,通过获取土地增值收益积累可用于城市开发建设的资金,与在资金不足时简单地通过将土地出让给愿意投资的开发商而获取资金的做法相比,土地的合理价值更得到合理的体现,城市开发的资金压力也更能得到有效的缓解。

事实上,许多有经验的开发商也正是通过合理安排不同地块的开发时序,最大限度地获得土地升值收益。

如香港瑞安公司在上海太平桥地区的改造开发中,一期先建成新天地、人工湖绿地,使该地区环境大大改善,同时将棚户区的形象提升为高档消费地带的形象,带动周边土地升值,树立品牌形象;二期再开发高档办公楼和高档住宅。

从山南新区看时序开发

作为投融资咨询顾问,大岳在安徽省淮南市山南新区开发建设的投融资规划,就是基于这一思想进行的一次有效尝试。

山南新区首期开发区域的城市开发建设,以规划中确定的居住、商业等功能定位为主要方向。对开发建设时序的安排,坚持以道路等基础设施先行的原则,并以核心功能设施建设带动其所能辐射到的各板块区域的土地二级开发,同时兼顾居住与就业、服务的配比平衡,强调地块开发的合理时序和空间布局,从而实现在较高土地成熟度的基础上获得理想的土地供应收入,达到新区开发资金平衡的目的。

在土地取得环节,由于山南新区首期开发区域出让用地分布相对不均匀,在进行各年度土地取得与供应的时序安排时,力求出让用地比例平衡,从而避免某一时期取得的土地中可出让用地过少而导致开发资金断链。

基础设施建设速度过快容易造成投资浪费,过慢又会降低基础设施的服务水平。因此,通过时序安排引导基础设施建设,也是协调基础设施与城市建设关系的方法之一。

在道路基础设施的建设安排上,先行考虑的是能与外部区域连通的道路,修建了与老城区相连接、便于引入老城区公共服务功能的主干道,以及高速公路引线,打通新区的对外交通。此外,对于涉及大规模开发、需要补充交通功能的区域,其道路也与老城

> 通过安排不同地块的开发时序,投资建设有带动效应的功能性项目,有效提升周边地块的土地价值,以推动项目的滚动开发

区、与通往外埠的高速公路、国道形成闭合路网骨架,并适度提前建成。对于辅助主干路网的次干路网,其主要功能是形成新区内部交通网络,一般不承担对外交通功能,在开发过程中适度超前于拟开发区域建设,起到局部区域引导开发作用。同时,在进行路网建设时,新区开发初期大规模重型施工车辆通行的问题也在考虑之中,对施工车流采取与公交、小型车车流分隔行驶的措施,施工车辆行驶区域只建设底基层,避免施工车辆对路面的破坏。

在各类功能项目的开发建设上,山南新区的投融资规划充分考虑了功能的

匹配与平衡。从规划用地的性质结构上看,首期开发区域中,居住、服务功能相对集中,就业吸纳能力相对有限,难以实现居住与就业的平衡。因此,在就业问题上,首期开发区域通过行政办公中心的引入及商业、服务业的发展满足一部分就业需求,并借助与山北老城区的联通、互动,实现居住与就业的平衡。

　　时序开发模型为山南新区开发建设的投融资规划起到了至关重要的作用:一是为测算不同地块土地价格奠定基础,模拟出的地价可作为新区开发资金财务测算的输入端数据;二是为开发的净收益、投资总额以及投资峰值的测算提供了有力依据,为控制投资风险和提高资金使用效率提供了有效的支持。

(原载于《中国投资》2008 年第 9 期)

　　注:①TOD(Transit-Oriented Development),即以公共交通为导向的城市用地开发模式。利用政府规划垄断权带来的信息优势,在规划的建设区域首先按非城市建设用地征用土地,然后通过基础设施——主要是交通基础设施——的建设引导开发,促进城市空间的合理有序增长,最终形成布局紧凑、功能复合和具有人性化的城市形态,达到价值提升和城市可持续发展的目的。

　　②SOD(Service-Oriented Development)是指通过社会服务设施建设引导的开发模式,这是近年来我国城市规划与建设中产生的一种新方式。所谓 SOD,即是政府利用行政垄断权的优势,通过规划将行政或其他城市功能的迁移,使新开发地区市政基础设施和社会服务基础设施同步形成,达到价值提升和城市可持续发展的目的。

土地一级开发　投融资的一个基本框架

对于很多城市政府尤其是城投公司来说,土地一级开发的整体投融资经常是他们面对的主要问题。对于单个项目的投融资,很多城市政府都接受了比较规范的做法,但对于一个城市或新城土地一级开发整体投融资,目前还缺少普遍被接受的框架。根据我们多年为地方政府提供城市开发投融资咨询的经验,提出了土地一级开发投融资的整体框架,包括以下四个方面的内容。

明确城市发展目标

土地一级开发的投融资计划必须在城市整体发展目标的引导下进行。城市发展的目标是城市政府的基本目标,但在现实情况下,各城市政府对城市发展的基本目标是很难有操作性的,因此我们在围绕城市发展目标梳理城市开发建设的总体建设安排、资金投向等一系列问题时,经常是无的放矢。为此,我们提出土地一级开发投融资的第一步是明确或梳理出城市发展的整体目标。城市发展的整体目标是制定土地一级开发投融资计划的前提。

在明确了城市发展的总体目标后,进一步理清土地一级开发的项目范围,土地一级开发和其他城市建设项目之间的关系。

研究土地一级开发建设项目时序

土地一级开发建设项目的时序是非常重要的,在上篇文章中已经进行了全面的阐述。建设时序关系到每年资金投入计划和资金缺口,直接引发融资需求。

对于很多一线城市来说,过去几年的实践表明,融资问题是很容易解决的,因为投资人对土地的需求是旺盛的。因此像北京这样的城市和地区,即使土地一级开发的条件再苛刻,也还是有很多一级开发的企业愿意参与的。而二三线城市则不同,土地一级开发的融资压力是很大的。因此,在实践中,二三线城市在土地一级开发中需

> 土地一级开发投融资的第一步是明确或梳理出城市发展的整体目标。在明确了城市发展的总体目标后,进一步理清土地一级开发的项目范围,土地一级开发和其他城市建设项目之间的关系

要付出的融资成本就会高一些。正是由于这样一些原因,土地一级开发时序就显得愈发重要了。

对于投资人来说,没有"哪里投资最好"的概念,只有"哪里投资更适合"的选择。作为投资人来说,一线城市土地一级开发的投资风险会小得多,资金回收也会快得多,因此投资人对时序的选择并不是特别的看重。而对于二三线城市就不同了,投资人看中的不仅仅是时序本身,更看中政府为投资人降低开发风险而采取的措施,也就是投资人更关注政府在时序开发中的承诺和行动。

完善和执行好融资合同

政府对合同的签订是非常重视的,这涉及到招商引资的成果,但合同签定以后的落实工作其实更重要。很多城市政府在合同签订之后暴露出一系列的问题:

一是信用观念淡薄，加大了合同执行的难度。有些城市的政府信用观念比较淡薄，在与社会投资人的合作过程中，双方的责权边界划分不清，政府凭借其强势地位在合作中出现不承诺、不兑现等严重违背市场化原则的行为，在很大程度上抑制了社会投资人对基础设施、公共及公用设施等城市建设项目的投资兴趣和信心；与此同时，金融机构也不愿给信用观念淡薄的城市政府提供贷款，从而导致城市建设招商引资流于形式，并未真正解决资金难题。

二是难以保障公众合理利益。在一些城市基础设施、公共及公用设施的建设融资问题上，部分城市政府只顾关注如何解决建设资金问题，却忽视了对公众利益的维护。社会资本其本性是追求赢利的，而城市的基础设施、公共及公用设施项目其核心功能是服务于公众，出发点的不同，使得城市政府在以市场化融资方式解决建设资金问题的过程中，往往难以做好经济效益与社会效益的平衡。

三是无法做好全局统筹，导致功能不全或资源浪费。当城市政府将多个建设项目委托不同投资人建设运营时，由于各项目责任主体不同，在全局性的统筹与合作方面也会有较大难度，容易形成盈利性差的项目没有人做、盈利性强的项目重复建设的局面，导致城市功能不全或资源浪费。

做好配套建设项目的融资

做好配套项目的融资建设，是土地一级开发取得良好业绩的前提，也是政府在土地一级开发融资中一项非常重要的内容。政府在与土地一级开发投资人签订合同过程中，不仅要划清土地一级开发中政府和投资人之间的边界，也应就配套项目建设制定相应的落实政策，为双方履行职责提供条件，不仅要强化政府在市场化运作中的信用，也要增强其他社会投资人的投资信心。

淮南市政府重视政府信誉，充分考虑公众利益，有选择地采用社会融资的方式进行新区的配套项目的开发建设。山南新区的隧道、高压走廊、安置房、高速公路引线采取代建方式由投资人中铁四局进行融资建设，首期开发区域边界道路也由其融资建设。对于不同类别的市政公用设施,主要的投融资模式为:自来水厂项目申请国外贷款;污水处理厂项目申请国债用于项目建设;电信、邮政、燃气等经营性市政公用设施由相关单位或社会投资人投资建设;环卫、公共厕所等非经营性基础设施由新区管委会负责投资建设,公共交通等不够社会化融资条件的设施也由管委会投资建设,从而确保新区功能齐全、服务有效;对于服务范围较小的小区内公共设施则由二级开发商代建。

(原载于《中国建设报》2008 年 8 月 21 日)

优化招商流程也是生产力

招商引资是城市政府的一项重要工作,招商引资工作的成败对城市经济发展意义重大。城市发展中的招商引资范围比较广泛,对土地一级开发的招商工作是地方政府招商工作的重要组成部分。

针对行政许可等具体的管理性事务,城市政府基本上都有比较清晰的工作流程,但对于招商这样的经营性工作,尤其土地一级开发的招商流程,还不够重视。很多地方政府在招商过程中一把手"拍脑袋",执行的人缺乏整体思路也无章可循,常常是走一步算一步,因此土地一级开发招商总体上处于无序状态。

制订一个好的招商流程意义重大

明确的招商流程是政府执政能力的一种体现。在招商问题上,各地政府部门习惯于领导者说了算,领导重视的事拼命干,领导没表态的事可干可不干,领导不关心的事肯定不干。但是,政府的执政能力不仅应该体现在政府行政许可项目上,更应该体现在政府对外交往的方方面面。没有一套好的招商流程,决策者在对外招商过程中极易处于杂乱、被动的局面,执行者临时凑材料的情况更是司空见惯。而我们作为咨询服务者也时常被市领导的下属助手们抓差去凑材料,从而深知政府招商环节的薄弱,其根源是缺少一套规范的工作程序,我们称之为招商流程。

　　明确的招商流程降低了投资人的交易成本。交易成本对投资人来说是非常重要的,尤其是有关与政府合作的交易成本。与政府合作的交易成本是投资人评估投资环境时很重要的一项内容。有一套比较规范的招商流程,使得城市的投资环境与投资条件更加清晰透明,减少其中的不确定性,便于投资人在做项目考察时进行风险评估,降低潜在风险,谈判的过程也会更有效率,从而不仅能够降低投资人的前期成本,也有利于展示政府规范操作的形象和良好的市场信誉,对成功高效完成招商极为有利。

> 明确的招商流程降低了投资人的交易成本。与政府合作的交易成本是投资人评估投资环境时很重要的一项内容

　　明确的招商流程有利于形成招商工作的良性循环。有了明确的招商流程,政府各级部门,各相关单位都会根据自己的实际情况,有计划地开展招商或招商准备工作,有利于形成良性循环。招商过程中不是每个项目都能够成功的,但一般来讲,实力较强的企业可能在多个项目上都有合作的空间。只要有了科学明确的招商流程,潜在投资人即使当前的项目不适于投资,也会持续关注城市的招商活动,为未来的合作发展保留机会,从而形成城市招商的良性循环。而目前许多城市招商"一锤子"买卖现象比较严重,缺乏明确的招商流程是形成这一局面的重要原因之一。

一个高效的土地一级开发招商流程

　　最近五年,大岳一直为政府提供土地一级开发方面的咨询工作。曾帮助多个城市政府起草合同,协助进行合同谈判,帮助政府进行项目的包装和策划,制定土地一级开发实施方案以及编制投融资规划方案等咨询服务工作。在这个过程中,逐渐总结和提炼了一套适合城市土地一级开发招商的流程,这个流程在一些城市政府中得到应用,是被实践证明的高效的招商流程。

第一步　落实招商责任主体/成立招商机构

依照惯例，首先要明确招商工作的责任主体，或成立招商机构，作为城市土地一级开发招商工作的组织者。

第二步　聘请专业机构编制招商实施方案

为了提高决策的科学性，政府招商责任主体聘请专业机构作为牵头顾问，对土地一级开发项目进行项目包装和策划，编制招商实施方案，在其中明确招商模式、项目的框架条件、项目建设内容、投资人应具备的条件、政府和投资人的权利义务等事项。这个环节的工作一般是在规划的基础上进行的。

第三步　政府审批招商实施方案

由政府审批招商实施方案。实施方案一般由市长办公会审批，也可以由专门成立的项目实施领导小组审批。

第四步　招商项目推介

在正式开展招商活动之前，政府招商责任主体需要编制招商公告，在指定的媒体发布，并制作和印刷招商宣传材料，策划招商活动方案，举行各种招商宣传活动，以吸引投资人前来参与。

第五步　投资人选择

对招商项目有意向的投资人可提出该项目的初步开发建设构想及资金安排方案。政府招商责任主体组织包括法律、投融资、财务、规划、土地、开发、技术等方面的相关专家进行评价，通过协商谈判或其他竞争性方式对投资人进行选择。

第六步　签订框架性协议

政府认为投资人提出的开发建设构想具有可行性，在确定投资人满足相关要求之后，政府将与投资人签订框架性合作协议。在框架性协议中，明确双方的主要权利和义务。框架性协议一般由城市政府与母公司签订，以确保未来的实施过程具备较强的协调力度。

第七步　投资人提出开发建设实施方案

对经营性能力要求很高和需要投资人参与程度很深的项目,政府通常要求投资人提出开发建设实施方案。在该方案中应至少包含以下内容:项目开发实施计划、融资方案、建设方案、运营管理方案等,从而便于双方在投资建设中的协调合作,有效推动城市土地一级开发的规范运作和科学发展。

第八步　方案评价

由城市政府的招商责任主体组织对开发建设整体方案进行包括财务评价在内的可行性分析,测算项目整体能否实现资金平衡,技术上是否可行,是否存在政策及法律障碍等。

第九步　起草合同

如果方案可行,进入起草合同阶段。在此过程中,双方需进一步划清责权边界,明确双方合作范围,进一步约定各自的权利和义务、资金支付方式、违约处理、不可抗力事件处理等事项。

第十步　谈判双方就合同中的有关内容展开谈判

第十一步　签订正式合同

政府执行机构与投资人实施单位达成一致意见后正式签订合同。

第十二步　实施具体开发建设工作

正式合同签署完成后,投资人的实施单位按照合同约定和有关要求开展具体的开发建设工作,政府的执行机构也须按照合同约定履行义务和承诺并提供相应支持。

(原载于《中国建设报》2008 年 10 月 9 日)

优化城市投资环境　化解房地产寒冬

2008 年 1—9 月,北京、上海、浙江、福建、江苏、广东、天津等经济发达省市商品住宅成交量下降都在 20％以上,北京、上海的同比下降分别为 55.8％和 41.1％。上述几个省市的住宅销售量占全国销售总量的三分之一,它们的下滑对全国影响很大,购房者普遍持观望态度。二级市场的低迷,自然影响到了土地一级市场,各地方土地的招拍挂开始出现量价齐跌的势头,住宅的开发量也开始有所放缓,甚至出现负增长。

十七届三中全会的召开,给房地产市场的长期健康发展注入了一个良好的预期。会议提出,未来要加快统筹城乡发展,形成城乡一体化格局。笔者认为这一政策导向与中国的城市化趋势是一个问题的两个方面,其目标相同,与之相伴,未来需要大量的住房也是必然的。然而,笔者在工作过程中发现,地方政府虽然都希望能够引入优秀的开发商,改善本地的城市面貌和人居环境,却不清楚到底该怎么做,各地方出台了很多的政策,但是都大同小异,虽然都为房地产市场整体上的健康发展做了一定贡献,却突出不了自己本身的优势,政策一大堆却引不来凤凰。

一个优秀的房地产企业,不论其社会责任感如何强烈,它要生存下去,选择一个地方投资发展,根本上还是要能够获取利润。政府想完成招商引资目标,引进优秀的投资者来为消费者提供优质产品,不妨换个视角,从房地产企业的盈利模式来分析自己能够做点什么。

从盈利模式看如何打造房地产投资环境

从获得利润所依靠的条件入手,我们可以把近些年来房地产企业的盈利模式大致上分成五大类:

一是靠钱生财。这一模式的关键在于杠杆效用及资金周转速度。在过去银根放松的政策条件下,开发商支付部分地价款即可办理土地证,进而用土地证获取抵押贷款用于支付地价款和支付开发建设开支,并通过房屋预售进行融资,仅用较少的自有资金就能滚动起来并获得很高的回报。然而,当前的政策要求办理土地证必须支付全款,此外,政府提高了企业自有资金要求,提出了更严格的预售政策,加之银行信贷紧缩,地产项目资金回笼速度减缓,靠高杠杆和快速的资金滚动获利已行不通。

二是靠地生财。过去有一段时间内,开发商常常通过协议出让方式以低价大面积取得生地,并逐步建设基础设施使生地变为熟地,土地价值从而大幅提升。在这一模式下,开发商卖房子的利润很大一部分是由土地升值带来的。现在的国家政策是实行净地出让,公开招拍挂,且原则上要求两年内必须进行土地开发,加之宏观形势不利、土地增值减缓等因素,靠土地增值获利的方式也不再奏效。

三是靠"大势"生财。宏观经济形势和房地产市场火热时,购买力释放充分,房地产市场呈现卖方市场的特征,举凡投资房地产,都能较为平稳地取得收益。然而,在当前国际金融危机蔓延、房地产市场降温的大势之下,消费者对购房持观望态度,想

什么样的投资环境能够依靠?一是当地的消费者对城市整体或局部地区的发展充满良好预期,一定程度上化解了大环境带来的观望情绪;二是房地产项目需要的各类配套设施完善,楼盘开发完成后周边配套功能缺失的风险小;三是政府办事效率高,投资人的政府交易成本低

通过"大势"轻松获利的方式也渐行渐远。

四是靠品质赚钱。开发商通过开发高品质的楼盘和房子,树立品牌,从而获得优质产品带来的溢价。从长远看,这是企业可持续发展的长久生存之道。引入这样的优秀企业是地方政府和消费者所期望的,但是让企业变得优秀,本质上是企业自己要做好的事情。

五是靠"小势"赚钱。"小势"是相对于宏观环境"大势"的城市投资小环境。什么样的投资环境能够依靠?一是当地的消费者对城市整体或局部地区的发展充满良好预期,一定程度上化解了大环境带来的观望情绪;二是房地产项目需要的各类配套设施完善,楼盘开发完成后周边配套功能缺失的风险小;三是.政府办事效率高,投资人的政府交易成本低。在这样的投资环境里,投资者在不利的市场环境下,也能够在风险相对较低的情况下获得合理的利润,在外部环境转暖的时候,能够获得更高的回报。这就是投资人借助局部"小势"赚钱的方式。在宏观经济环境乐观的背景下,这一模式受重视程度往往不高,但在房地产市场的"寒冬"时期,则十分值得各地政府积极关注。

优化城市投资环境 为投资人创造可乘之势

市场环境的"大势"往往不是城市政府能够左右的,但城市的投资小环境,则是地方政府能够主动引导的。

改善"小势"的目标实际上是提升城市的价值,这种价值应当能够为投资者和消费者都带来正面福利。

具体而言,小环境的打造首先必须以城市整体功能完善和提升为基础,资金的制约是最根本因素。地方政府在城市建设中,应注意在城市规划和城市建设之间增加资金统筹环节,做好投融资工作的规划,保证城市的硬件建设不会因为资金问题而停滞。在此基础上,再灵活地运用 TOD[①]、SOD[②]、AOD[③] 等先进的开发理念,合理、有序地开发建设城市基础设施和公共服务设施,降低开发商因配套设施不完善导致的投资风险。

软环境方面,政府必须把提高政府的服务水平和办事效率落到实处,建立起高效的管理体制。当投资人将大把的资金投下去时,政府部门拖沓的办事效率将使得投资人每天都面对着高额的利息、市场的不确定性风险和机会成本。停留在口号上的高效率是绝对瞒不过投资人精明的眼光的。

在相对寒冷的市场环境里,房地产企业总是要继续经营的,不可能因为市场环境低迷就统统解散,只是要更加谨慎地选择投资地点,在"冬天"里找个暖和地方。地方政府想把保障房地产市场稳定发展的目标落到实处,为城市引来凤凰,就要努力做好城市开发的软硬件工作,让城市真正"暖和"起来。

(原载于《中国建设报》200年11月20日)

注:①TOD(Transit-0riented Development)即以公共交通为导向的城市用地开发模式。利用政府规划垄断权带来的信息优势,在规划的建设区域首先按非城市建设用地征用土地,然后通过基础设施——主要是交通基础设施——的建设引导开发,促进城市空间的合理有序增长,最终形成布局紧凑、功能复合和具有人性化的城市形态,达到价值提升和城市可持续发展的目的。

②SOD(Service-Oriented Development)是指通过社会服务设施建设引导的开发模式,这是近年来我国城市规划与建设中产生的一种新方式。所谓 SOD,即是政府利用行政垄断权的优势,通过规划将行政或其他城市功能的迁移,使新开发地区市政基础设施和社会服务基础设施同步形成,达到价值提升和城市可持续发展的目的。

③AOD(Anticipation-Oriented Development)即规划理性预期引导的开发模式,这是一种城市规划—城市经营整合概念,是一种城市经营的新手段。政府采用引导的方式,通过预先发布某些地区的规划消息,公开相关信息,来激发、引导市场力量进行先期的相关投入,以尽快形成与规划目标相一致的外围环境和所需氛围,以便于政府在最为适合的时机,以较小的投入即可实现原先的规划建设意图。

第五章

投融资规划实务篇

把脉新城区建设投资

　　每年 4000—5000 亿元的城市建设投资，进展中不仅需要科学合理的城市建设规划、多样化的城市化路线，还要保持城市发展中的稳定与和谐。如何破解这个复杂难题？

　　大岳咨询公司从 1999 年开始为城市政府建设新城和开发区提供管理和融资咨询，已在北京、长沙、淮南、韶关、廊坊等多个城市完成了 20 余个项目，形成了自己的方法论，受到了各地政府好评。《中国投资》对这些项目进行系列深入报导，为各地发展城市经济提供可以借鉴的经验，探索实践科学发展观的有效途径。

伴随着城市化进程的加速，中国正在经历一场巨大建筑热潮的洗礼，这可能也是全世界前所未有的规模最庞大的建筑热潮。起重机、脚手架、戴安全帽的建筑工人，不管在大城市还是中小城市，都是随处可见的风景。

　　2006 年末，中国城市人口的数字是 5.77 亿人，按城市人口所占总人口比率显示，中国城市化程度为 43.9%。建设部有关专家指出，到 2020 年，我国城市化的目标为 55%，城市化水平每年增长要达到 1%。以此计算，每年大约有

1200 至 1300 万人进入城市,要为这些人提供足够的住房和城市基础设施,按 2020 年人均住宅面积需要达到 32.4 平方米计算,整个城市住宅存量将达到 330 亿平方米,住宅投资大概 7200 亿元。城市建设每年全国投资资金达到 4000 至 5000 亿元左右。

如此庞大投资规模的城市建设浪潮,进展中需要科学合理的城市建设规划和多样化的城市化路线,同时还要保持城市的稳定与和谐。然而现状并不令人乐观。2007 年 4 月 24 日,城乡规划法草案首次提请十届全国人大常委会第二十七次会议审议。建设部部长汪光焘忧心忡忡地表示,对规划建设中的违法行为必须加大处罚力度,严格追究有关地方政府及其行政管理部门的责任,城乡规划亦不能因地方领导人的意见而修改。

新城规划的乱与治

对于一个城市领导人来说,制订一份科学的城市建设规划是首要课题。

借助专业人士的力量,经过深思熟虑,制订出一份科学合理的规划,其好处是显而易见的,首先便是对土地等城市建设资源的集约化利用。云南昆明新亚洲·体育城是一个很好的例证。

曾经作为第七届全国残疾人运动会主场馆,新亚洲·体育城也是中国目前规模最大、最专业的运动健康生活城区。负责该项目咨询评估的中国国际工程咨询公司社会事业部主任胡元明告诉记者,在立项之初,就制订了一份科学的规划方案,把环境、功能、定位、赛后运营等各项因素都考虑进去,项目组合非常合理,投入设施也很清楚。目前,国内很多大型体育设施的兴建,一味贪大求洋,并未充分考虑赛后利用问题,给城市的未来发展造成了负担。在新亚洲·体育城,体育场馆在整个规划中所占面积并不大,这就为赛事结束后场馆周边土地的高等物业开发预留了空间,在环境和整体布局上非常一致。

"什么叫做体育城?单一的场馆功能是很有限的",胡元明说,"作为一个体育城的布局安排,要突出一个具有体育特色的新城市的感觉,把健身休闲、文化、旅游等各种经营元素融为一体,并且与周边环境的开发相互协调。"

但是,由于从一份规划到实际建设出来的城市,中间还有一个漫长而复杂的过程。在中国的大多数城市,规划与建设之间的矛盾非常严重。中国建筑界流行一句话:"规划规划,纸上画画,墙上挂挂,抵不过领导一句话。"

在实施过程中,城市总体规划滞后于规划期限的问题相当突出,供电、供水、消防、供热、环境卫生等系统的布局无法确定。具体表现为,各种管道铺设不同步,修了挖,挖了修。一些老百姓戏谑地说:"城市道路应该安上拉链。"

专业人士指出,制订一个科学的城市建设规划,需要认真思考五个方面的问题:城市的发展使命、民众百姓的生活愿景、环境与土地的承载力、产业的发展趋势、制约城市发展的核心问题。

大岳咨询公司总监李伟认为,导致这些问题的根本原因,在于规划之后直接进入了建设环节,缺少如何实施规划的中间环节。这导致建设出来的城市与原来的规划差异很大。"这也是一些城市政府盲目建设的原因,因为从规划到建设之间没有一个抓手"。

对于有规划不依的严重情况,北京市房山区吴会杰副区长认为,政府部门应该把好三道关:

首先是规划审批之后的监督关。对于执行情况,规划部门必须进行跟踪,大的规划原则不能轻易改变,有调整要经过严格的重新审批。

其次是联合验收关。对于规划建设的每个重要项目,都要组织建委、规划、土地、市政、环保等有关部门进行联合验收。严把验收关之所以非常关键,是因为有一些事情也许是规划部门控制不了的。比如市政道路管线建设中的偷工减料,制造了不合格的公共产品,必须严格验收。

第三是市场准入关。对于不达标、不合规的产品,不允许进入市场,否则就会给社会带来不可弥补的损失。比如一些违章建筑,市政不配套,产权不合规,质量不合格,不少在开发时没有办齐各种手续。如果流入市场,等于是把包袱甩给了社会,给政府造成了巨大压力。

"这三道关口的关键就在于落实,与各级干部的基本素质、责任心、执政能力等是密切相关的",吴会杰说。

划清政府与开发商之间的边界

新城建设产生了庞大的投资需求,单靠政府投资远远不能满足。吸引社会资本、提速城市建设,成为各地的普遍经验。

但政府与开发商合作,中间问题很多,合作到一定程度就进行不下去。李伟接手过很多这方面的案例。

李伟指出,合作不下去的主要原因,就在于政府与开发商之间的合作关系不清楚。也就是说,政府该做什么,开发商该做什么,都不清楚等。

政府、开发商以及社会投资人站在同一平台上进行思考,彼此容易理解对方的想法,沟通和交流变得更容易一些。按照经验,沟通质量决定了城市开发的效率

过去,政府与开发商合作开发一个新城项目时,往往只签署一个简单的框架性协议,只有三五页纸。这么做的一个后果,就是有大量问题说不清楚,比如开发范围问题、开发深度问题,如果开发本身不能弥补成本应该如何解决等。

一旦出现问题,政府和开发商站在各自的立场,对框架性协议做出对自己有利的理解,矛盾由此产生。

这种纠纷过去并不少见。20世纪90年代后半段以来,随着房地产企业的兴起,逐渐出现了"造城"的大盘概念。开发商在拿走大片土地的同时,还承担起征地拆迁、人员安置,甚至还负责建设公共交通、学校、医院等政府职责。

在实际执行中,开发商为了获取更大的利润,逐渐通过规划指标的调整,把公建用地变成建设用地,造成了很多人口稠密的社区学校不配套、医院不配套、道路拥挤、绿化不足等社会问题。

建设部政策法规司徐宗威副司长告诉记者,从投资角度看,社会资本进入城市建设主要有两个方向:一是房地产,二是公用事业(自来水、污水处理、供暖、绿化)。

目前,民营企业进入房地产行业的规模、渠道、政策都很明确,但问题是,他们追逐利润的欲望过高,失去了对政府和业主的道德和责任。房价与收入的比率,全球规律是 5 倍,但中国现阶段已经到了 10 倍以上。房地产商之间囤地居奇、哄抬房价之事多次被曝光。而在房地产容积率一项,世界水平是 0.5－2 之间,中国开发商搞到了 3－4,局部甚至高达 5－6。

徐宗威副司长指出:"公用事业投资需要社会资本参与,政府应该抱着积极态度,引进市场机制,加快发展,通过竞争提高公用事业服务的质量和水平。"他同时又强调,政府应该作为公用事业的投资主体,但不一定作为经营主体;政府可以放开经营权,但不能把公用事业的职能完全交给企业。

政府应该作为公用事业投资主体,主要有四点考虑:

一是过去形成的公用事业设施都是国有资产。"不能一说改革就把产权全部卖掉或转让掉",徐宗威说,"改革的一个重要方向,应该是把经营权搞活,可以聘请社会上有经验的专业公司来经营。"

二是政府职责需要一个强化的趋势。改革开放近 30 年来,随着经济发展和人民生活水平提高,公共产品和公共服务供应能力相对不足的矛盾开始显现。解决这个问题,是政府职责所在。

三是从财政体制来说,企业和城市居民已经把税款上交给政府,提供公共产品、公共设施的投资,理所当然要由政府承担。

四是政府把纳税人的钱集中起来,不应该再投向工业项目或竞争性项目,而应该是公用事业。公用事业的很多问题,不是靠市场竞争能够解决的。比如垃圾处理、公共厕所、边远小区的公交或自来水项目,都是赔钱的,这些投资需要政府承担。

"对于一个新城开发项目,政府不可能全部包给一个开发商来做,很多社会性责任都是需要政府来做的",李伟说,"开发商毕竟只是企业,不可能代替行使政府职能。由于公共产品的外部效益,实际上开发商是不愿意投入的。"

投融资规划方法

由于缺乏科学规划、政府与开发商之间责权不清,导致在新城开发过程中产生了一系列的问题和矛盾。近几年,大岳咨询公司接手了很多这样的咨询项目。

位于北京房山区的良乡大学城项目,是一个非常典型的个案。2001 年,房山区政府与一家地产开发商签署了一个"三统一"(由开发商统一规划,统一建设,统一管理)的框架性开发协议。

但在接下来的三年时间里,协议一直都执行不下去。主要问题是:为吸引高校入驻良乡大学城,房山区政府以一个较低价格与几家高校签订了土地供给合同。不久,环境发生了变化,国家土地开发政策调整,征地拆迁的难度增大,尤其是当地房价的大幅攀升。在新政策环境下,自觉无利可图的开发商开出新条件,要求房山区政府把大学城附近的几千亩地补给自己。

而房山区政府则希望按已签署的协议执行。双方僵持不下,一度诉诸仲裁。

房山区常务副区长陈永走马上任后,特就此事聘请大岳咨询公司提供咨询,做出解决方案。2003 年 12 月,李伟正式接手这个咨询项目。

大岳咨询公司向房山区政府建议,对建设管理模式做一些调整,政府和开发商都应该做法律允许、并且自己能做的事情。房山区政府和开发商都表示同意。

"原来的'三统一'原则是不对的",李伟对记者说,"建成后,大学城将是一个很大的社区,会形成居民委员会、街道办事处、派出所,一个企业管不了这些事情。另外,大学城里有一些城市建设道路,未来由企业来维护运营也是不可能的。未来一些责任还是要交给政府。"

大岳咨询建议,首先必须调整大学城建设管理模式,由政府进行统一的建设管理;由开发商做土地的一级开发,二级开发比如跟高校联合建设学生公寓也可以做。

该方案获得房山区政府和开发商的认同,双方思想初步达成统一,整个大学城的建设也开始向前推进。2004 年 10 月,入驻的北京工商大学正式开学;

目前，北京理工大学、首都师范大学也已开学。

　　良乡大学城项目之后，大岳公司又陆续接到类似的"做不下去的"项目。李伟认为，很多问题的根源，都是由于从规划到建设中间缺少一个建设统筹环节。由于这个原因，一些城市在建设初期大量投入，没多久就遇到难以克服的困难。李伟接触的一个 24 平方公里的新城建设，前期把肥肉（容易开发的地块）都切出去了，剩下的是一块块的骨头（开发难度大），并且要分摊高额的城市基础设施和配套设施建设的成本，导致整个城市建设基本上停滞不前。

　　李伟总结说，大岳咨询实际上是站在投融资角度，对新城建设做了一次统筹：包括建设管理模式、开发商与政府之间的关系，开发商的投入产出模式是否清楚等。

　　这就相当于，在城市规划和建设之间搭建了一个平台。在这个平台上，可以把新城区建设当作一个项目来进行管理。"政府、开发商以及社会投资人对自己的角色定位是清楚的，大家都站在同一平台上进行思考，彼此容易理解对方的想法，沟通和交流变得更容易一些。按照我们的经验理解，沟通质量决定了城市开发的效率"，李伟说。

　　在具体操作中，这个方法论可以分为四个步骤：第一，从投融资角度，梳理建设项目，并对事权进行初步划分；第二，与政府各方进行沟通，如果事权划分是合理可行的，就进行财务总体综合平衡分析；第三，研究政府和开发商的投入产出模式是否可行，如果可行，就研究制订出一套投资模式和融资模式；第四，政府可以根据事权划分、投融资模式和资金平衡关系，搭建一个项目管理平台，包括各种合作关系的建立、项目的分工、建设管理模式的确定、资金的管理、风险的管理、土地开发预算方案的制定、开发时序的选择等。

　　"我们建议各地政府，由人大或政府常委会批准新城建设规划和投融资模式。这样可以有效降低因政府换届对城市建设规划带来的影响"，李伟说。

（原载于《中国投资》2007 年第 5 期）

探索大学城建设良性发展之路

大学城建设是一项复杂的系统工程,涉及规划设计、土地开发、建设投资、经营管理等多项工作。对这些复杂难题逐一进行科学解析,才能最终寻找一条大学城良性发展的路径。

在良乡大学城的建设过程中,北京大岳咨询公司的专家深度参与其中。他们采用投融资规划方法,理顺各种复杂关系,顺应形势的变化提出针对性的解决方案,使大学城从建设困境中解脱出来,逐步走上了良性发展之路。

1999 年,中国大学开始扩招,在教育产业化、后勤社会化等思潮的鼓动下,北京、上海、广州、郑州、合肥、廊坊、重庆等城市在全国掀起了一波建设大学城的浪潮。

顾名思义,大学城是高等院校聚集之地。在一定程度上,大学城也是美国"硅谷"的一个翻版——把高等教育、科研机构、产业孵化器集中到一个区域,期待产生强大的协同效应。

然而时过境迁,8 年后的今天,社会各界对大学城的反思越来越多。在房地产火爆的大背景下,大学城违规圈地、违规建设成为一个社会瞩目的焦点,但如果以此全盘抹杀大学城存在的价值,恐怕并不理性。

在国际上,英国的剑桥和牛津、日本的筑波、意大利的波洛尼亚,大学城模式对一国教育的推动作用不容忽视。着眼于我国高等教育的未来发展,探讨大学城如何科学规划、解决建设中存在的矛盾,在当下已非常必要。

近期,《中国投资》深入采访了良乡大学城的发展轨迹,延伸出对大学城发展模式的思考。

源起——大学城建设的意义

1999 年,为贯彻落实全国教育工作会议精神,保证首都高等教育在新世纪的可持续发展,市委、市政府在《关于深化教育改革全面推进素质教育的意见》(京发〔1999〕26 号)中提出"在规划建设的卫星城中,开辟 2—3 个占地 8000 亩至 10000 亩的高教园区"。房山区积极响应市委、市政府的号召,争办高教园区,并于 2001 年 10 月 10 日获得市政府批准,良乡大学城建设正式启动。

在当时来看,良乡大学城的建设无疑是有很多积极意义的。

首先,大学城的建设适应了北京高等教育战略布局调整的需要。北京是全国的政治文化中心,高等院校云集。但随着城市的建设开发,大学周边土地资源非常稀缺,寸土寸金。扩招之后,大量学生需要教室、宿舍、图书馆、体育设施,老校区不能承载,必须寻找新的教学生活场所。

另外,大学城的建设将极大地提高当地人口素质。彼时,房山区正在建设卫星城,由于居民多是由"农转非"而来,提高人口素质是房山区领导重点考虑的一个问题。按照最初预期,建设良乡大学城,引入 6 所高等院校,将带来 10 万高素质的高校师生,这对于加快良乡的城市化进程、提高人口素质将带来很多新气象。

而且,一旦大学入驻,对房山区经济也有多方面拉动作用。10 万师生过来,对当地的零售业、服务业的促进不言而喻。大学城的建设过程,将带动当地建筑业的发展,促进就业。而且,未来大学城周边土地升值,将带动当地的房地产业发展。

开局——政企合作的困境

虽然大学城的建设对于北京市和房山区来说意义重大,但是近百亿的建设投资对于政府来说将是一个沉重的负担。

为了缓解地方和上级政府财政压力,房山区政府创新投融资思路,采取与企业合作的方式,由开发商在政府的监督指导下对大学城进行统一规划征地,统一建设投资,统一管理经营。

在当时看来,这个方案并无不妥。但由于开发商统一规划建设的模式与当时各高校的建设投资模式相矛盾,入住各高校纷纷提出自建教学科研区,由开发商建设后勤配套区,由此导致开发商的投资回报模式发生改变,进而影响了开发商的投资信心和投资进度,在接下来的近3年时间里,项目基本处于停滞状态。

尤其令房山区政府和开发商始料不及的是,2001—2004年期间,国家对土地的宏观调控政策发生了重大变化。自2001年4月国务院发布《国务院关于加强国有土地资产管理的通知》(15号文)以来,政府加强了对土地开发经营权的管理,基本垄断了土地一级市场。2002年,北京市出台《北京市土地一级开发管理暂行办法》(市国土房管出字[2002]1100号),规定"土地一级开发项目由市土地储备中心或分中心组织采取公开招标方式确定土地一级开发单位",从政策层面彻底否定了以往一、二级联动的开发模式。另外,2004年7月1日施行的《北京市建设征地补偿安置办法》(市政府第148号令)和2004年10月1日施行的《北京市征地补偿最低保护标准》(京国土征[2004]230号)对征地补偿标准做出了规定,导致征地成本大幅度提高,本来就缺乏赢利点的良乡大学城项目面临巨大的经营风险,开发商提出用大学城周边1公里范围内的土地进行总体平衡。这一狮子大开口的要求令房山区政府无法接受,合作关系面临终止。

转折——政府主导，实现建设管理模式的转变

至此，房山区政府意识到由开发商主导的大学城建设管理模式已经不能适应新形势的要求，必须转变管理模式，由政府来主导大学城的建设。为保障决策的科学性，房山区政府聘请大岳公司担任顾问，大岳总监李伟正式接手良乡大学城项目。

在深入研究良乡大学城发展的历史及现状，并实地走访了国内几个大学城之后，李伟提出，"应该在国家政策框架内，对大学城的建设管理模式进行调整，政府和开发商都应该做法律允许，并且自己能做的事情。"按照大岳公司提出的方案，良乡大学城采取两级建设、两级投资的建设管理模式，即政府对大学城土地进行一级开发，负责征地、拆迁补偿，修建道路等市政基础设施。开发商如果想继续参与开发，可以通过招拍挂的手段取得经营性用地，进行二级开发；如果想与高校合作，就直接跟高校谈判。对于此方案，房山区政府和开发商都表示同意。

> 一个好规划很重要，但具有实施性的规划更重要。建设管理模式的问题不解决，资金的问题不解决，再好的规划也没有用。在制订规划阶段，就要充分考虑实施的可行性

遵循这个方案，房山区政府与开发商进行了谈判，最终同意终止原来的合作方式，开发商在获得前期投入返还后退出了大学城土地一级开发，只参与各高校后勤设施的建设，从而确立了政府主导的大学城建设管理新模式。

实施——利用投融资规划指导大学城开发建设

管理模式重新确定之后，接下来要解决的就是资金问题。尽管市政府针对大学城建设出台了许多税收优惠政策，但是对于投资巨大的大学城建设来说仍然是杯水车薪，即使是在充分考虑大学城内土地的供应收入之后，仍然存在资

金缺口。针对这种情况,大岳咨询公司协助房山区政府对高教园区建设项目进行了资金统筹,站在区域的角度来看待大学城建设的投融资问题,并提出了一系列的咨询建议。

(一)重新确定大学城内市政基础设施的建设和投资主体

大学城内共有 29 条市政道路,其中主干路 7 条,次干路 6 条。这些市政道路不仅承担着大学城内部以及大学城与外部的交通疏导作用,更重要的是,它们将使大学城成为房山新城东部一个重要的交通节点,承担着联通房山新城东西部交通的重任。因此,大岳咨询公司建议房山区政府站在区域统筹的角度,将大学城里的主次干路建设纳入房山新城的市政建设范围,不再把大学城与整个城市建设割裂开来。

房山区政府采纳了这一建议,这样一来,不但理顺了市政基础设施的建设主体关系,而且减少了大学城项目自身的投资压力,仅市政道路建设一项就减少了数亿元投资。

(二)适当提高各高校用地的供应价格

大学城内的土地 70% 为教育用地,在我国,教育用地可以通过划拨方式取得。在实施土地一级开发政策以前,往往是生地划拨,由于划拨用地可以免交土地出让金,因此很多划拨用地可以以极低的价格取得,甚至是免费。正是在这种背景之下,房山区政府于 2002 年与入住大学城的各高校签订了 6 万元/亩的供地价,这样的价格在当时的补偿标准和项目条件下基本可以满足开发的需要。但是近年来,征地拆迁补偿政策和项目条件发生了较大变化,大学城土地一级开发成本连年攀升,目前已经接近 30 万元/亩,如果再按照原来签订的价格供地,势必会给房山区政府带来巨大的资金压力。

2005 年 8 月 3 日,北京市国土资源局颁布并实施了《北京市土地储备和一级开发暂行办法》(京国土市〔2005〕540 号),规定“土地储备开发完成后依法以划拨方式供应的,土地储备开发成本由土地使用权人承担。”大岳咨询公司意识到这一规定的积极意义,建议房山区政府与入住各高校充分协商,争取可以由各高校分担一部分本该由其全部承担的土地一级开发成本。各高校对这一建议表示充分理解,同意适当提高供地价格,仅此一项,又使大学城项目的收入增加了数亿元,极大地缓解了资金压力。

(三)在合理范围内适当调整大学城规划

大学城的规划是 2002 年编制的,遵循的是设施共享的原则,在大学城中心位置规划了 2000 亩的中央景观区和 1000 亩的文化体育设施共享区,这种理念在当时无疑是非常先进的,但是这种先进的规划理念和我国高等院校建设的实际需求有很大的冲突。

在我国,由于历史的原因,各个高等院校基本都是封闭运行的,所以其建设上也要求每个高校都是一个功能齐全、设施完备的独立个体。虽然近年来也提倡院校之间资源共享,但还远未达到多个院校共用一个体育馆或图书馆的水平。另外,出于学校评级的需要,各个高校在生均绿地指标、生均体育用地指标等方面都要达到国家要求,因此每个进驻大学城的高校都在自身规划中配备了体育文化设施和充足的绿地,完全可以满足校内学生的需求。这样一来,大面积的绿化和文体设施共享区势必会造成重复建设和土地资源的浪费,难以取得预期效果。

基于这个考虑,大岳咨询公司建议区政府积极与市发改委、规划、土地、园林绿化、教委等部门沟通,在保证不违背大的规划限制条件和不影响使用功能的基础上对现有大学城规划进行局部调整,提高土地利用率。同时,利用投融资规划模型对各种规划调整方案进行了分析,为房山区政府提供了决策参考。

目前,房山区政府已就大学城规划调整事宜向北京市政府做了专门汇报,市政府要求各相关部门抓紧时间进行研究,争取在近期内落实具体的调整措施。

通过以上措施的逐步落实,大学城项目的资金平衡情况有了很大改观,尽管依然面临一些实际困难,但令人欣慰的是,在各方的积极努力下,良乡大学城的建设已经步入了正轨。目前,北京工商大学、首都师范大学已经正式开学,北京理工大学将于今年 9 月份正式开学,其他高校的建设工作也在如火如荼地进行。

反思——规划如何从纸面落到地面

良乡大学城一波三折的建设过程及其解决复杂问题的经验,都值得反思和总结。大岳咨询公司总监李伟说,"大学城应该成为一个城市的有机组成部分。如何协调好与老城区之间的关系,是规划中应该重点考虑的问题。"

国际上著名的大学城,都是与城市融为一体。牛津大学的组织相当复杂,在 30 多平方公里范围内,大学与城市融为一体。在牛津城,众多的学院散布在城镇的大部分地区,大学与城区相互融合。为此,人们通常把它们称为"牛津大学城"(The University City of Oxford)。

在建设之初,良乡大学城非常注重国际经验,曾经聘请一家美国设计公司,按照国外大学城模式,做了一个很超前的概念规划。但实践证明,只有好的规划理念而不与中国实际相结合是很难实现的。

"国外规划设计单位可能给你一个很好的理念,但由于他们不懂中国城市建设、运营、管理的实际工作,也不懂中国大学的建设管理模式,做出来的很多创新在实际过程中是行不通的。"李伟对《中国投资》说,"一个好规划很重要,但具有实施性的规划更重要。建设管理模式的问题不解决,资金的问题不解决,再好的规划也没有用。在制订规划阶段,就要充分考虑实施的可行性。"

通过对大学城以及其它开发区和新城建设项目的咨询,大岳咨询公司总结出了一套可以有效解决规划落实问题的理论体系和方法论,那就是在投融资规划方法的指导下,把规划实施当作一个项目来进行管理,从以下 4 个方面保障规划的落实:第一,要明确规划落实的目标,并促使参与各方对目标形成共识;第二,要理顺管理体制,合理划分参与各方的职责范围,均衡各方利益关系;第三,要合理安排项目的建设时序,有效配置资源;第四,运用决策支持模型,建立起"计划—实施—反馈—调整"的调控机制,完善项目管理流程。

(原载于《中国投资》2007 年第 8 期)

科学决策助力房山发展

近期,华北地区唯一大型现代化石油交易场所——北京石油交易所在北京市房山区挂牌成立。成立当天,燕化公司、中石化北京分公司、中石油北京分公司等 10 家大型企业签约入驻。

房山区区委常委、副区长高言杰告诉《中国投资》,北京石油交易所集商务流、信息流、资金流于一体,以石油、化工产品、危险化学品经营为重点,依托首都石化集团总部聚集优势和房山区石化产业优势,为石油化工产品现货提供多种交易模式。北京石油交易所在房山区挂牌成立,可以说是房山区近年来实施发展现代服务业战略的重要成果之一。

曾几何时,一提及房山,北京人首先想到的是"红、白、黑、灰"。的确,红砖头、汉白玉、黑煤炭、灰水泥,曾经是房山的支柱产业,房山也藉此成为北京周边众区中经济发展最迅猛的区域之一。然而,随着北京市落实资源型产业和高耗能产业强制退出政策,房山区大批资源型产业逐步强制退出,房山经济步入一个艰难的调整期。2003 年以来,房山区政府不断贯彻落实科学发展观,把科学发展理念深入到每项工作之中。在阵痛中不断前进的房山,目前已经步入了发展的最佳时期。

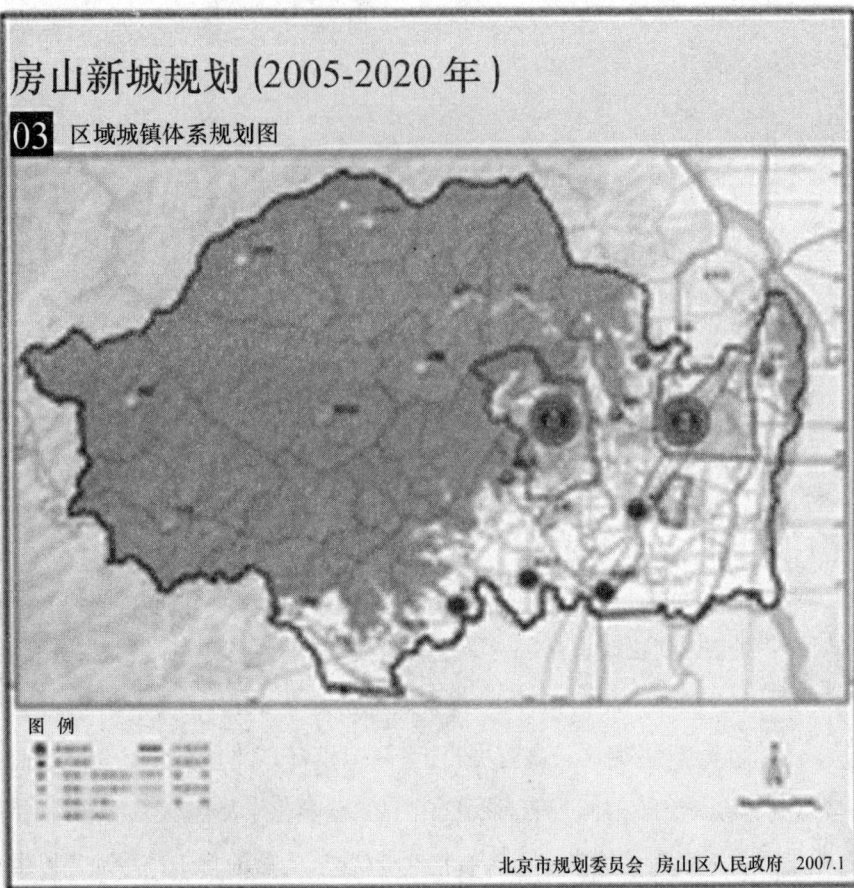

房山新城规划 (2005-2020 年)

03 区域城镇体系规划图

图 例

北京市规划委员会 房山区人民政府 2007.1

高言杰对记者表示,房山区正处在产业结构调整和经济发展方式转换的重要时期,生态环境建设和产业结构调整的任务非常艰巨。与此同时,我们也面临首都新城功能定位和北京经济发展变化带来的难得机遇。我们正在克服困难,以新的增长点形成房山区经济发展的新支撑,进一步加速城市化和工业化的进程,打造后发优势。

积极推动城市化进程

1999 年,北京市下发了《关于深化教育改革全面推进素质教育的意见》,提出"在规划建设的卫星城中,开辟 2—3 个占地 8000 至 10000 亩的高校园区。"房山区敏锐地意识到,这是提升房山社会经济整体发展水平、加快城市化进程的良机。2001 年 10 月,房山区获得北京市政府批准,正式启动了良乡高教园区的建设。

房山区区长助理、良乡高教园区建设管理委员会常务副主任高培军告诉记者,北京良乡高教园区是北京市重点建设的两个高教园区之一,规划面积 9745 亩,投资总额 100 亿元,建成之后可入住师生 10 万人。

他说,良乡高教园区项目促进了良乡城市建设进程的加快,包括校区建设、配套基础设施建设以及人口有机增长都有着关键性贡献;对于经济起了很大的拉动作用,10 万师生的消费,提供了极多的就业岗位,使得很多企业、产业落地,这几年对良乡经济贡献已达 1.7 亿,以后的贡献不可估量。

"更重要的是,高教园区建设项目对于推动本地区的社会文明和知识进步有着潜移默化的作用,提高了当地人口素质,这是我们非常看重的一点",高培军说。

据了解,在建设之初,良乡大学城曾经聘请了一家美国设计公司,按照国外大学城模式,做了一个很超前的概念规划。但是实践证明,只有好的规划理念而不与中国城市建设、运营、管理的实际情况相结合,这个创新也是难以实现的。高培军说:"我们认识到,一个好规划固然重要,但具有实施性的规划更重要。建设管理模式的问题不解决,资金的问题不解决,再好的规划也只是一纸空文。因此在制定规划阶段,就要充分考虑实施的可行性。"

为了推进这个意义重大的项目,房山区与良乡镇政府可谓殚精竭虑。当年上百亿的投资对于当地政府而言的确是沉重的经济负担,如何创新投融资思路、协调各方利益、顺利完成项目是他们需要迫切解决的问题。2003 年底,房山区政府聘请了大岳咨询公司,对此提供咨询建议。

记者得知,高教园区建设项目由于前期运作存在政府与开发商利益边界不清的问题,项目进展出现严重障碍。高培军说,"通过对项目进行资金平衡的测算和深入调查研究,我们认为本项目发展的瓶颈不是测算本身,而是合作各方对合作模式的认同问题。大岳咨询公司站在城市经营的角度,结合当前的土地开发政策,理顺各利益主体在项目中的位置,使项目主体各归其位,转变了政府在土地开发中的管理模式和开发思路。"

在理顺开发思路之后,房山区政府聘请大岳咨询公司为该项目的长期咨询顾问,协助项目单位对园区土地一级开发资金平衡进行了分析,并提出了多项资金平衡方案;协助项目单位进行合同管理,与开发商和入园各高校进行协议谈判,明确了各方的责任和义务;协助项目单位进行投融资规划,落实各项资金来源,并对项目资金的使用进行管理。

高培军说,在高教园区项目中,大岳咨询公司作为第三方,其建议更加公平,更有信服力。大岳咨询公司的建议不仅解决了前期政府与开发商利益边界不清的问题,得到了双方的赞同;而且对于高教园区项目作了资金统筹,站在区域的角度来看待园区建设的投融资问题,提出了操作性很强的咨询建议。

目前,高教园区建设已经步入正轨,累计投资达到14.2亿元,开复工面积45.6万平方米。北京工商大学、首都师范大学和北京理工大学已经相继开学,入住师生近2万人。

高培军认为,"大岳咨询公司的参与有效地推动了高教园区建设,是政府的好参谋。这个项目的实施,也体现了房山区科学发展的内在要求。"

他表示,随着科学发展观的贯彻落实,房山区政府的执政观念发生了变化,不把政绩工程作为要务,不单纯强调GDP的增长,而是考虑经济社会的协调、可持续发展。另外,政府从包揽许多事务,到该管的管好,不该管的放手,专心搞好行政工作,而把不会干的、做不好的借助"外脑"来干。高教园区项目的成功实施,将有效推进良乡镇乃至房山区的城市化进程,同时也说明房山区政府积极利用咨询机构、充分使用社会专家资源来解决问题的思路是对的,是符合科学发展需要的做法。

大力发展现代服务业

"发展现代服务业符合十七大科学发展观要求,应该成为房山区资源型产业的理想替代产业",高言杰认为。

他表示,房山区要顺应北京发展的新变化,着力于承接首都产业转移,着力于促进传统产业提升,着力于广泛应用信息技术,着力于探索新的经营模式,找准发展的新空间、新定位,主动为首都承担部分服务功能。

实际上,目前北京已进入居民收入高速增长、消费能力加速提升、消费结构迅速升级的发展型和享受型消费成长阶段,居民对食品的消费需求逐步淡化,对文化、娱乐、时尚、品牌等发展型和享受型消费需求空间巨大。

> 科学发展一定要与自身实际情况相结合,而不是'贪多求全、贪大求洋

这些消费需求的释放,不仅需要城市中心区承载,更需要北京 50 公里经济圈内的二线城市承载。从某种意义上讲,作为首都发展新区的二线城市才是承接这种巨大消费需求的最佳承接地。国外大城市郊区发展的成功模式告诉我们:制造业从城区向郊区转移的同时,一些高档住宅、高等教育、大型医疗、高端商业、专业物流、旅游休闲等业态也向郊区迅速转移。

高言杰强调:房山区正是这些产业转移的最佳承接地之一,房山发展现代服务业的战略构思和战略重点就是打造"一圈"、建设"一线"。

所谓打造"一圈",就是建设以物流基地为核心区域,集商品交易、电子商务、物流配送、仓储加工、商务会展、海关保税、旅游休闲等功能于一体的现代高端服务商圈,使之成为拉动房山经济增长的发动机和新的增长极。建设"一线",就是以培育做大做强北京石油交易所、澎湃汽车城、力博建材流通中心 3 个增长性好、带动作用强的标志性项目为重点,利用 5 年时间,把京周公路沿线建成"设施布局合理、业态结构先进、服务功能配套、产业融合互动、辐射能力强劲"的新兴服务产业发展带和区域商务合作平台,形成京津冀商圈内一道靓丽

的商务风景线。

在良乡物流基地的发展初期,房山区政府和管委会委托大岳咨询公司为良乡物流基地提供发展战略咨询服务,包括基地的未来运营模式、发展战略、赢利模式、管理模式和土地一级开发运作方案;全面提供开发区的操作战略和运营思路,帮助物流基地解决未来的发展问题、招商问题和运营问题。

北京西南良乡物流基地是规划中的北京市三大物流基地之一,对于完善北京市整个物流体系具有重大意义。良乡物流基地作为房山区产业发展的战略高地,凸显出发展空间优势和区位优势。

房山区政府认为,良乡物流基地要紧紧围绕北京产业发展需求、市民生活需求谋划基地的发展思路和产业定位。经过多次考察、调研和分析,房山区政府决定对良乡物流基地建设的战略定位进行调整,从以公铁联运为主的传统仓储运输式的物流中解放出来,建设一个集多个专业商品交易、电子商务、物流配送、商务会展、旅游休闲等服务功能于一体的现代高端服务商圈,既要承担市政府定位的北京西南物流基地功能,又为北京市民 50 公里半径内的消费、休闲、度假提供配套服务,成为北京一个重要的高档时尚服务功能区。

高言杰表示:"按照这个定位,良乡物流基地将成为北京时尚产品之都、北京旅游休闲度假区、北京专业产品物流区,承担首都部分服务功能,在全市现代服务领域中占有重要席位。良乡物流基地将成为拉动我区经济增长的发动机,转变经济发展方式的重要支撑。"

目前,良乡物流基地正在招商建设中。根据规划,良乡物流基地的主体功能板块有 5 个部分,包括包装产业区、仓储加工区、电子商务区、时尚产业区、健康产业区;辅助功能板块分为 4 个部分,包括海关保税检疫功能区、配套服务区、行政办公区和景观区。预计到 2012 年,基地年销售收入达到 500 亿元左右,税收达到 10—20 亿元,拉动相关产业发展的比例达到 1:3 以上,吸纳直接和间接就业 2 万人左右。

在建设过程中,良乡物流基地将采取"三驾马车"的管理方式,除良乡物流基地管委会、开发公司之外,还要组建一个顾问管理公司,聘请大岳咨询公司和该行业专家,共同作为政府决策的支持层面,对于项目进展实行推动和监督。通过顾问管理公司不断输送信息、建议,形成一个智力团队支撑,可以使管委会站得更高,看得更远,更加协调、高效地进行运转。而且,这样能够使良乡物流基地管委会、开发公司、顾问管理公司形成一种相互促进和制约的机制,有助于项目的顺利推进。

高言杰对《中国投资》表示:"房山区已经告别传统的建材产业,走向新型工业,正在树立自己新的产业优势。这关系到100万人的就业、2000平方公里的布局建设,要使所有的规划、建设持续高效地运转起来,不请外脑、聘用专家是不行的。"

他说,政府是一台复杂、高效运行的机器,要贯彻落实科学发展观,使得政府运行得更加高效、科学、规范。虽然我们有实践方面的经验,但现在知识更新速度太快,目前区政府、职能管理部门在专业性和高度上还有很多不足,远不适应目前多变、复杂的态势。因此,房山区政府敞开大门,面向全市、全国乃至全世界的专家、人才,希望他们能够为政府的科学决策和战略执行提供智力支持。

科学规划城市建设

作为北京50公里经济圈内一块符合首都发展规划的待开发空间,房山区有着明显的后发优势。而如何开发利用好现有资源,科学规划建设新城,是摆在房山区各级政府面前的新课题。

房山区发展改革委主任崔山告诉记者,"近几年房山发展有目共睹,就投资方面来说,目前房山每年的固定资产投资额已经超过100亿。房山的投资环境在变好,投资在迅速扩张,城市化进程在加快。我们手里用于投资的钱多了,规模必将改变本质,从量变到质变,投资的手段、方法、规则都要改变,要更加讲求科学决策,讲求投资时序和效益。"

他表示,大岳咨询公司是房山区政府较早聘请的咨询公司,他们对政策层面掌握很快,行业信用很好。更为难得的是,大岳咨询公司没有局限于具体项目的策划,而是由单体项目走向地区综合性项目的规划,由微观走向宏观,这是一个跨越式发展。长阳镇投融资规划项目,对于大岳咨询公司而言是一个非常重要的转变;而对于房山区各级政府而言,则是学会了一种区域开发的方法论,使之更深入地了解了城市建设统筹规划的规则。

记者了解到,房山区长阳镇地处北京西南,镇域面积 98.6 平方公里,是房山区距离市区最近的乡镇。可以说,这是房山区一块"风水宝地",建设好长阳镇将对整个房山区的经济发展起到重要拉动提升作用。

房山区长阳镇党委书记李军对《中国投资》表示,投融资规划对于地区发展有很大影响,政府要有长远考虑,不能光看眼前利益,要有综合的平衡。许多区域开发都有过这样的教训:开发商先拿了好地,吃了肥肉,留下难啃的骨头给政府。例如无地农民的安置、市政配套、小区管理等等,给政府留下一堆包袱。这导致开发商挣钱、政府埋单的局面。

因此，为统筹镇区开发、做到科学决策，长阳镇政府聘请大岳咨询公司作为咨询顾问，希望借助专业公司的力量，从投融资角度对项目进行规划，以协助长阳镇政府在今后镇区建设中更好地行使政府职能，在规范操作的前提下解决基础设施建设投融资及相关问题，提升整个区域的开发价值。

经过深入调查研究，长阳镇政府采纳了大岳咨询公司提出的城市开发新模式，即在城市规划和城市建设之间加入了投融资规划环节，从投融资的角度入手，对政府和市场的职责范围进行了界定；从提升城市开发价值角度重点分析了土地一级开发环节地方政府应该统筹的城市建设项目，并对该类项目的投资额及回收可行性进行了分析；从利益均衡的角度分析了政府、开发商、村集体和村民四方主体的可预期收益，通过村庄搬迁改造方案的设计避免"城中村"的出现，力争从规划层面实现和谐社会。

李军认为，这个投融资规划最重要的价值是告诉政府区域发展要有综合平衡的概念，有此作为参考，做事情就能不出圈，不离谱。虽然这种规划在具体细节上会随着时间、条件的变化而有所变化，但重要的是正确地解决了方法论的问题，具有长期指导作用。在这种指导思想下，城市建设的系统工程才能够全面、协调、可持续地进行，才能够保障这个城市是完善的健康的，而不是"先天残疾"。

目前，长阳镇投融资规划成果经中国系统工程学会鉴定，并已在北京市房山区全面推广，长阳镇近期土地开发及出让项目均参照投融资规划方案实施。

李军告诉记者，现在规划实施效果很好，道路、水、电等基础设施已经完成了80%。像通信电缆、电线等都是走管沟，埋在地下。长阳镇要形成高品位的城市，市政建设争取按照规划完成，一次到位，不用再"开拉链、打补丁"。

而且，所有的基础设施建设都没有让政府掏钱，还为区政府创造了300%以上的增值收益，增加了财政收入。可以说长阳镇的项目把政府主导一级开发的优势体现得淋漓尽致。大岳咨询公司利用投融资规划有效解决了城镇开发中普遍存在的规划实施难问题，为长阳镇的发展提供了科学的决策参考，是一项了不起的创新。

重视乡镇有序发展

房山区区委常委、副区长高言杰表示，长阳镇投融资规划这个项目对于房山区各级政府而言是一种启发，是一种认识的提高。我们对此很认可，要求各乡镇在区域开发时也要作出自己的投融资规划，搞好资金的综合平衡，包括现在和未来、开发的与未开发的、社会效益与经济效益都要达到平衡。

事实上，乡镇是地区发展的基础细胞，是区镇发展的主力军。只有各级政府自上而下地自觉贯彻落实科学发展观，提高政府的科学决策能力和执行能力，才能真正把好的规划思路落到实处，转变为房山区的发展动力。

记者得知，房山区西潞街道办事处非常重视利用专家资源，聘请了大岳咨询公司为政府长期顾问，对西潞的战略发展提供建议咨询。

2006年9月，房山区人民政府对良乡地区做出了区划的调整，设立西潞、拱辰两个街道办事处，剩余地区维持原来良乡镇的建制，形成"两街一镇"的新格局。西潞街道位于北京西南20公里的房山区府所在地——良乡卫星城西北部，总面积10.4平方公里，下辖7个行政村、8个社区，总人口6.4万人。

房山区委西潞街道工作委员会书记曹磊告诉《中国投资》，随着房山新城经济、社会的发展，西潞街道越来越为各界所关注。但是，西潞街道发展历程短，自身经济基础薄弱，主导产业不突出；城乡建设中缺乏相应的规划指导，辖区内市政基础设施较落后，区域改造、开发的难度大；加之受到良乡机场净空的限制，土地和项目开发受限。西潞街道面临的种种问题，严重制约了其发展和城镇化进程。

"西潞的发展急需得到科学有效的指导。因此，我们聘请大岳咨询公司为政府顾问，为西潞街道的发展提供战略咨询，并针对辖区内的具体项目提供跟踪式服务"，曹磊说，"在遇到工作难题的时候，只要有了基本想法，就会跟大岳咨询公司进行沟通。作为基层政府，对于基础性工作、对于老百姓研究得多，但对于政策的迅速理解、投融资专业方法技术的把握,是有所缺失的。而大岳咨询公司能够对当前热点政策解读、研究得很透彻,及时为基层政府提供重要的、新的政策信息,并且找出当地发展与政策的结合点。"

曹磊强调:现在我们一个街道影响到的投资规模在十几个亿,每一个决策都要十分慎重,要负有很大责任。以前聘请的专家只是过客,能够提供建议,但是不承担任何责任;而现在聘请的专业公司是独立法人实体,是责任主体,与政府是利益共同体。而且,专家注重某一领域,提供的是断面意见,而专业公司提供的是系统的整合的意见。基于种种考虑,我们选择聘请大岳咨询公司为政府长期顾问,借用他们的智慧和经验,为西潞发展提供长期建议咨询。

在房山区,不仅街道办事处有着借用专家资源、加强科学决策的意愿,不少乡政府也正在提高这方面的意识。目前,良乡镇已成为房山区 25 个乡镇中唯一有自身战略发展规划的乡镇。

记者了解到,良乡镇位于北京市房山新城南侧,良乡镇镇域范围内土地绝大部分为基本农田,人口绝大部分为农业人口。良乡镇所在地房山新城地区属于农业地区,其自身建设用地的缺乏严重制约了镇域内经济发展。其产业结构以农业为主体,其中大量农用地仍以低附加值的传统农作物耕种为主;二、三产业则较少形成规模效应;良乡镇域内基础设施和公共服务设施建设较为落后。

良乡镇副镇长胡玉富告诉《中国投资》:随着房山新城的发展,良乡镇面临着新的机遇和挑战,亟需统筹发展理念,制定发展战略。我们本着科学决策的原则,聘请了大岳咨询公司作为专业咨询机构,为良乡镇发展战略提供咨询建议。在深入研究良乡镇特点及发展的宏观环境后,大岳咨询公司为良乡镇提出了主要发展思路:以打造自然生态环境和产业生态环境为基础,通过冷链物流带动食品加工业的发展和壮大,进而带动其他相关产业的发展,最终实现地区经济的繁荣和城乡一体化发展。

"大岳咨询公司提供的发展思路得到了政府和当地百姓的强烈认同",胡玉富说,"我们意识到,科学发展一定要与自身实际情况相结合,而不是'贪多求全、贪大求洋'。例如冷链物流,看似很窄的行业,但是符合良乡镇自身的优势,是真正切合我们发展需要的产业。相信在不远的将来,良乡将成为一个集观光、娱乐、休闲于一体的现代化城镇。"

"借脑"助力科学决策

大岳咨询公司总监李伟表示,房山区落实科学发展观的 5 年,也是大岳咨询公司积极配合房山区各级政府开展多种项目咨询的 5 年。这些年来,大岳咨询公司做了近 20 个咨询项目,我们也从中获得了展现的舞台,得到了成长的机会。

房山区区委常委、副区长高言杰告诉记者,大岳咨询公司是房山区政府聘请的重要咨询公司之一,房山的很多大项目、大规划,大岳咨询公司都参与了,并且作了很多卓有成效的工作。例如房山区良乡机场迁建项目、房山新城城镇规划建设用地综合评估、石油化工和新材料产业基地运营管理咨询项目、良乡卫星城东区市政投融资咨询、良乡文体中心项目融资咨询等等。这些工作对于房山区的科学发展有着很大的推动作用。

同时,房山区发改委主任崔山也坦言:"迅速发展的社会经济形势,让政府职能部门更加认清利用社会专家资源、借助'外脑'的必要性。政府在遇见很多新问题、新困难而自己没有足够的专业能力去解决的时候,就要积极向专业机构进行咨询,及时调整策略,做到科学决策。开玩笑地说,就是有病要去医院,不要现学医,否则医学好了人也死了。"

他认为,政府部门非常需要专家辅助决策,这也是一个政府成熟和科学执政的表现。一方面,政府能够得到智力支持,可以减少失误,化解了部分投资风险;另一方面,让决策、执行、监管三方面相互制约,可以加强监管,有利于加强政府工作的公平公正、提升透明度。

"曾经有人认为,动辄花几十万请专家咨询,会不会是一种浪费。这几年房山发展的事实证明,我们前期的钱花得有价值,使得后期工作没有盲目开展,运作得更加规范,在很大程度上减少了后期的失误",崔山说。

虽然,任何规划在具体细节上会随着时间、条件的变化而有所变化,但重要的是"授之以渔",政府从中找到了做事的规则和规律性,并且学会如何把握住这种方法、按照规则规律办事,使今后的工作更加趋向合理、准确。

崔山还表示,"此外,政府的投资行为不能靠人治,而要靠制度流程的支撑。大岳咨询公司的参与加强了政府依法行政的基础,为投资行为提供了程序、方法。使政府在依法行政上有了抓手,能够更好地把握规则,使政府良好的主观愿望得以实现。应该说,

> 政府部门非常需要专家辅助决策,这也是一个政府成熟和科学执政的表现

与大岳咨询公司合作以来,我们有效提高了工作效率,降低了决策难度,使决策更加快捷。从长远来看,政府使用专业化咨询公司,其实是加强了社会协作,降低了社会运行成本。"

近几年,房山区在经济建设、城市建设、文化建设等各方面都取得了明显的成绩。尤其是房山区属工业摆脱了停滞的发展态势,2006年区属工业实现产值114.2亿元,税金5.5亿元,年递增率分别为26.4%和13.1%。经历了阵痛的房山,正在紧抓机遇,努力崛起。

高言杰认为,落实科学发展观,就要从全局、全市乃至全国的角度,以历史的眼光纵向看待房山发展。虽然,现在房山区比起顺义、昌平、大兴等区的发展落后了3到5年,但是房山正在积极再造功能优势、加大产业结构升级。应该说,房山的后发优势很明显,相信在未来的5到10年内,房山必将凸现后来者居上的风采。

(原载于《中国投资》2008年第4期)

做好投融资规划　破解城建难题

城市发展面临着越来越多的问题,城市政府的压力也越来越大,摆在城市政府面前的是两难的局面:

一是发展难,包括征地难、融资难、土地指标取得难、招商更难;二是责任大,政府承担的责任越来越大,关注物价、解决就业、治理环境、建设保障性住房等,这些都是需要花钱来解决的。

与此同时,这些难题也为各地政府如何将城市发展好、如何提高执政能力提出了更高的要求。这些问题本质上是资金统筹问题,或资源的配置问题,即如何通过公共资源的配置,撬动市场资源,解决一个城市的发展问题。很多地方政府沿用传统办法,在实际工作中却屡屡碰壁。

安徽省淮南市政府在与中铁四局的合作中采用了投融资规划方法,妥善处理政府和市场的关系,明确各方的资金来源与盈利方式,破解了城市发展的难题。

城市新区开发中面对的问题

淮南市山南新区的案例具有普遍意义。政府主要面对三个方面的问题:一是规划落实难问题;二是投资人和政府投融资风险如何控制的问题;三是城市发展过程中各方利益的兼顾问题。

在城市开发建设过程中,规划不落实一直是制约一个城市发展的重要瓶颈,《城乡规划法》突出强调并明确规定了对行政行为的监督机制,物权法的实施更是为规划的落实上了一道紧箍。但是,分税体制改革后,地方政府通常靠土地供应收入平衡城市基础设施和公共设施的建设投入,面对巨大的发展压力和需要支付的巨额城市建设和运营开支,地方政府该何去何从?

为了满足新城建设的投资需求,各地政府普遍采取吸引社会资本的办法提速城市建设,包括基础设施和公用设施的特许经营,通过土地综合开发解决城市配套建设问题等。但政府与投资人的合作往往存在很多问题,有些已经合作到一定程度却很难继续下去,究其原因:

一是政府与投资人之间的合作条件不明确,没有在合作之初把双方的权利义务说清楚,投资人在投资过程中如何获得回报的问题一直含糊其词;二是没有从根本上解决城市基础设施和公共设施的资金来源问题,政府采用了预支信用的办法,一旦政府信用不可再预支,双方的合作就会出现问题;三是双方在价值取向上存在分歧,政府要兼顾投资人、企业住户、居民乃至被征地农民等利益群体的合理利益,而开发商的目标是获取合理的回报和稳定的现金流,很难同时兼顾社会效益和公共资源的最优配置。在政府和投资人博弈的过程中,有时为了解决当前问题,政府不得不以牺牲公共利益为前提,导致了包括修改规划指标、调整建设用地的性质、滞后建设基础设施,弃建学校、医院等配套公共设施等"规划难落实"的问题。

> 通过投融资规划,划清政府和开发商在城市开发和建设管理过程中的责任、权利,双方同时制定具有可操作性的开发计划和开发策略,通过规范运作,在城市开发过程中兼顾各方的利益

淮南市政府和中铁四局充分认识到,规划不落实,表面上投资人有很大的操作空间、有利可图,但由于其结果必然损害大多数人的利益而最终会殃及投资人。因此,淮南市政府与中铁四局都希望规范运作,在城市开发过程中兼顾好各方的利益。中铁四局希望通过规范运作降低投资风险,取得合理的回报。淮南市政府则需要规范中铁四局的投资行为,使整个城市开发可预期,降低风险,有利于企业投资人的评价和入住。因此,淮南市政府与中铁四局就如何降低风险达成共识:通过融资规划,划清政府和开发商在城市开发和建设管理过程中的责任、权利,双方同时制定了具有可操作性的开发计划和开发策略。

投融资规划破解操作难题

受双方的委托,北京大岳咨询有限公司应用投融资规划的理论和方法,对山南新区的开发工作进行分析、规划,从三个方面开展工作。

划清市场和政府的边界。明确了市场主体的盈利模式,调动了市场的积极性,解决了城市建设资金投入问题,为各项规划的落实提供了资金保障。

投融资规划方法运用在淮南项目的第一项工作,是通过事权的划分将新区开发这个大系统中应当由投资人运作的子系统划分出来,事权明确了,子系统的投入产出模式以及与系统外部环境的关系就清楚了。

在明确了"投资人实施的土地一级开发是城市开发工作的起点和基础,政府的各项公共职能是投资人工作的外部环境"这一双方合作关系的基础上,根据整个项目的开发计划,针对双方在各种立项、规划、建设、审批、监督、共同验收、资金回收等环节,就中铁四局的义务和政府的支持工作做出了明确规定。淮南市政府与中铁四局集团分别成立了山南新区建设指挥部和专门的项目公司,并依合同约定成立了开发协调机构以解决双方衔接配合问题。这样的合作机制有效地避免了因政府与投资人责权利不清而导致合作难以为继的僵局,同时通过加强政府部门间的协调沟通为科学决策创造有利条件。

统筹基础设施和公共设施的配套资金。通过资金的统筹,解决了资金的回收问题,降低了政府和投资人的投资风险。

投融资规划方法的根本意义在于预期的管理,中铁四局有了合理的预期,并在与政府的合作过程中强化了预期效果,因此,中铁四局敢投入了,放心投入了,进而带动了其他投资人的信心,使得淮南城市发展走上了快车道,投资人的回报也得到了保障。按照规划的开发时序,并运用财务分析模型对开发时序进行分析和调整,使投资人和政府对开发过程中将要面对的投资强度、投资风险有一个清醒的认识,同时制定一套合理的财务方案,有计划地避免以往新城建设过程中容易出现的资金断链问题,从而确保新区开发的顺利实施。

关注利益主体的平衡,带动其他投资人参与

在资金统筹过程中,落实政府关于关注民生的政策,把农民的长期生计作为统筹的对象。把入住企业的需求和入住居民的需求转化成具体的建设和管理投入,从而化解了征地过程中的对抗和矛盾,推进了项目的快速和谐发展。由于项目进展顺利,其他投资人预期较好,有力地推动了多方投资人的积极参与。

投融资规划方法,通过资金统筹使淮南市山南新区实现了基础设施与公共设施的适度先行,从而提升了城市价值并为产业的引入创造条件,使新城建设在追求经济效益的同时兼顾社会效益的有效实现。

（原载于《中国建设报》2008 年 6 月 12 日）

开发区盈利模式亟待创新

由于土地开发不确定因素较多,开发区未来盈利具有不可预期性,土地开发只能摸着石头过河,直接进行股权融资难度很大,因此土地开发股权融资是制约开发区发展的瓶颈。

土地开发股权融资难在哪里

开发区土地开发自有资金的需求量增加。银行贷款门槛的提高,增加了土地开发对自有资金的需求;土地开发成本越来越高,而土地出让价格上涨乏力,导致对自有资金的需求增加;由于开发区失败的案例越来越多,开发区土地开发的风险越来越大,政府需要通过股权融资,分散风险。

摸着石头过河的开发逻辑制约股权融资。目前我国开发区形成的基本盈利模式是,通过土地、税收及其它优惠政策,吸引企业入住,再通过入住企业未来的税收,平衡前期土地开发的损失。而在开发区的操作实践中,多采用整体规划、分步实施的办法。然而在具体执行过程中,分步开发变成了"摸着石头过河",走到哪里算哪里,招商也没有标准,碰到一个算一个。开发区没有明确的发展方向,没有实现目标的具体路径。因此,虽然开发区面临土地开发资金短缺问题,可是没有哪个企业愿意与这样的开发区合作进行土地开发。

政企合一的操作方式不利于股权融资。很多开发区的土地开发是由政府成立的开发区投资公司来进行操作,政府投资公司承担无限责任,而政府也具有未来无限的收益权。政府若要通过市场化融资,比较可行的是项目融资和开发公司股权融资方式。项目融资只能解决土地开发过程中某个具体项目的融资问题,而土地开发的大部分资金必须通过股权融资来解决。开发公司股权融资,必须改变政府投资的无限责任公司的身份,并且明确开发公司的责权利。

土地开发股权融资的基本条件

在开发区的筹建过程中,土地利用规划和空间规划都存在很强的不确定性,开发区整体的盈余情况都是未知数,政府对开发区的建设承担无限责任。在前期筹建过程中,设置政府投资性开发区公司有其合理性。但是随着事业的发展,土地开发成为重要问题时,政府需要社会资本的参与,成立有限责任开发公司成为必然,这也是开发区土地开发融资的前提条件之一。

开发区盈利模式创新可从三方面考虑。一是通过降低入园企业的运营成本,吸引企业入住,这种模式可以降低招商过程中对地价的依赖度。二是通过差别化的战略,形成特色园区,吸引企业入住,如总部经济区、生态工业园区等。三是通过相关产业的聚集,形成优势,吸引企业入住,比较典型的是南方小城镇的产业聚集发展模式

土地开发公司如果不是以政府投资为主要职能,而是承担开发区的土地开发、招商、建设、运营和管理职能,那么开发公司就有逐利性目的,只能承担有限责任,并在有限责任范围内获取有限的收益。这就需要政府在开发区建设的无限责任中划出一个界限,明确界定哪些是开发公司的责任和权利,并在给定的权力内取得收益。但由于开发区土地开发的特点,开发公司运作自己责权内的事务往往不能得到合理的回报,因此需要政府为其界定补偿机制,使得开发公司的投资和管理有合理的回报率,具有吸引

社会投资者投资的可能。

　　清晰的盈利模式是土地开发公司进行开发区土地股权融资的另一个前提条件。我国早期的开发区大多采用低价吸引企业入住,靠税收回报补贴前期开发成本,并实现区域税收增长的目标。从近年实践来看,全国各地都设有开发区,各开发区在政策上也没有实质性差别,大家同时让利等同于没有让利,各开发区只有靠土地价格来吸引企业入住,形成恶性竞争,其结果是入区企业的服务得不到保障,企业入住数量和规模达不到开发区的盈亏平衡点,最后导致大量开发区闲置,造成资源的巨大浪费。目前这种盈利模式已经站不住脚,开发区必须进行盈利模式的创新。

盈利模式创新

　　开发区需要根据自身条件和特点,寻找适合自己的盈利模式,从而改变单纯依靠土地和税收优惠的模式。

　　开发区盈利模式创新可从三方面考虑。一是通过降低入园企业的运营成本,吸引企业入住,这种模式可以降低招商过程中对地价的依赖度。通过基础设施的共享、上下游产业链的有效衔接以及统一物流体系的建设等一系列手段,降低入园企业运营成本。二是通过差别化的战略,形成特色园区,吸引企业入住,如总部经济区、生态工业园区等。这种园区的特点是对入住客户进行准确的定位,并围绕入住客户的潜在需求进行环境和配套设施的建设。三是通过相关产业的聚集,形成优势,吸引企业入住,比较典型的是南方小城镇的产业聚集发展模式。通过龙头企业的引入或围绕龙头企业进行产业链的延伸,形成产业聚集,提升每个入住企业的价值。

　　但无论采取哪种盈利模式,都要把创新盈利模式措施落到实处,且必须在规划条件里有所反应(这些并没有引起开发区决策者和管理者的足够重视),主要包括:

　　要有好的产业发展规划　一个好的产业发展规划为开发区的发展指明了

方向,明确了产业发展的目标,并为潜在客户的选择提供了方向。

要有好的项目规划 在产业规划的基础上,通过项目策划,缩小开发区产业发展目标,进行细分市场的定位,为空间规划提供基本素材,也为进一步明确招商客户提供了保障。

要有好的空间规划 好的空间规划能够实现基础设施的综合配置,降低入区企业的总体成本,提高开发区的竞争力;同时好的空间规划能够为开发区营造环境,吸引企业入住。

开发区的盈利模式是站在政府角度的。政府盈利模式会把税收、解决就业、产业结构的调整以及城市化进程等一系列指标纳入到盈利模式的考核体系中来,其评估期限可以无限长。对于开发公司而言,评估期内财务上的盈利指标是关键因素。一般会通过四个步骤明确开发公司盈利模式:

把开发区的土地开发、配套设施的建设项目进行项目分拆。通过项目分拆,既分解投资,也是给出开发公司框架性条件的前提条件。项目可以分成营利性项目和非盈利性项目两大类。对于非盈利项目,又可以拆解成没有现金流收入和有现金流收入两类。开发区的土地开发项目是营利性项目,但在实际操作过程中,往往是以低于成本的价格对外出让或转让的。开发区的市政道路建设是没有现金流收入的非营利性项目;而市政管网中有一部分可以是有现金流收入的非营利性项目;对于开发区工业厂房的开发、配套设施建设,大部分可以作为营利性项目来考虑。因此,在实际项目分拆过程中,可能更为复杂,需根据实际情况进行灵活划分。

对分拆项目进行打包。按照现有企业操作惯例,本着专业事情由专业公司来做的原则,进行项目组合。对于没有现金流的非营利性项目,可以通过管委会代表政府进行投资建设,政府在建设过程中也可以通过 BT① 方式进行短期融资,以解决开发区前期建设资金的压力;对于有现金流的非营利性项目和营利性项目,可交由开发公司运作。

评估开发公司的盈利能力和风险水平。通过估算开发公司的盈利能力,测算开发公司的净资产收益率,并评估风险。对于开发公司而言,应该根据不同的风险,确定不同项目财务内部收益率的最低值。风险比较大的项目,财务内部收益率要高一些,具体要参考行业的水平进行财务内部收益率的确定;风险比较小的项目,如污水处理项目,财务内部收益率可以偏低一些。

补充条件。对于有现金流的非营利性项目,但不具备投资价值,需要政府通过补贴等手段,提高项目的盈利能力并降低风险。由于土地开发项目的出让价格低于开发成本,因此需要政府通过财政支持,获得投资的合理回报。

投资者除关心技术和财务问题外,更注重项目的操作层面。如何理顺开发区的管理关系,提高开发公司效率,也是投资者比较关注的问题。

管委会作为政府的派出机构,应为开发公司制定好政策,界定好公司的边界条件,到位不越位;开发区所在地人民政府的作用更不能忽视,地方政府将在征地、拆迁环节为开发公司发挥重要的作用。

开发区土地开发股权融资在政府投资体制发生变化后,已经成为开发区越来越普遍的方式。要想顺利进行融资,除有好的方案外,项目管理者规范的操作以及聘请有融资工作经验的咨询机构提供咨询服务将有助于股权融资的成功。

（原载于《中国投资》2005 年第 9 期）

注:BT 即 Build-Transfer(建设—移交)的简称,即项目建成后立即移交,可按项目的收购价格分期付款。

突破传统　良乡物流基地建设实现创新

按照狭义物流的概念,物流基地规划中难以突破仓储、加工和配送的概念,而单位土地面积上仓储、加工和配送产生的增加值远远低于城市土地的平均水平,从而导致物流基地的发展陷阱。

2005 年 2 月,大岳咨询公司完成了北京西南良乡物流基地战略规划,从广义物流角度探讨了促进物流基地发展的方法。

传统理念限制物流基地的发展

北京西南良乡物流基地是北京市物流体系的重要组成部分,也是市商委重点规划的北京市三大物流基地之一,位于北京市西南良乡卫星城西南部,北起良坨铁路,南至北京城市六环路,西起京石高速公路,东至 107 国道,总占地面积约为 3 平方公里。

由于定位不准确和经营粗放,国内很多物流园区在建设过程中出现了空置率高、增加值低的现象,导致大量投资难以回收,不但没有带动区域经济发展,反而成为地方政府的一大包袱。为此,房山区政府决定按国际惯例运作良乡物流基地项目,在项目起始阶段就引进专业咨询公司进行战略规划研究,大岳咨询公司被聘为战略顾问为北京西南良乡物流基地进行战略和运营模式的研究。

项目小组对项目进行了诊断和分析后发现,物流基地普遍存在三大矛盾:定位与实际运作的矛盾,社会效益与区域经济利益的矛盾,短期利益与长期利益的矛盾。这些矛盾形成的原因是错综复杂的,必须有所突破才能从根本上解决问题,实现各种相关利益群体共赢的局面。通过综合分析,咨询小组提出"打破传统物流观念束缚,放眼区域经济发展,通过广义物流概念解决深层次矛盾"的战略构想。

国家标准物流术语对"物流"一词给出了标准定义:物流是指物品从供应地向接收地的实体流动过程,根据实际需要,将运输、储存、装卸、包装、流通加工、配送、信息处理等基本功能进行有机结合。在物品流动过程中,其所有权不发生变化。按照这样的概念,物流基地只能以仓储、流通加工、信息服务、中转、配送等作为其主要功能。

2002年全国货运量为148亿吨,其仓储和流通加工的增加值只有292亿元,平均每吨货物在物流基地的增加值不足2元。良乡物流基地处理能力约为3000万吨,参照全国狭义物流创造增加值的平均水平,良乡物流基地创造的增加值只能在6000万元左右。按照税收占增加值的20%估算,良乡物流基地每年创造的税收不足1200万元,平均每平方公里创造税收400万元,远远低于北京市建成区每平方公里土地创造税收6000多万元的平均水平,这样的数据对于房山区政府来说,在财务上是无法接受的。

另外,从用地性质看,物流基地按工业用地出让。按照良乡目前的实际情况,如果考虑到代征地,土地变为熟地后,每亩成本在56万元左右,而房山区目前的工业地价在22万元左右。工业用地的低价是以未来的高税收为前提的,但按照狭义物流的定义,物流基地每年创税会很低。因此,良乡物流基地在建设和经营过程中都将是房山区政府的包袱,良乡物流基地只能是纸上谈兵。

打破物流基地规划的僵局

国内外许多物流基地的建设都被看作是城市基础设施的组成部分,由政府直接投资,并不考虑其盈利性和直接经济带动力。物流基地主要解决的是城市交通、城市环境污染以及提高城市物流效率、增加城市竞争力的问题。

采用这种设想,市政府应作为良乡物流基地的投资主体,并且承担物流基地建设过程中的亏损(据估计高达 6 亿元)。但从目前的投资体制和市政府的财政实力来看,市政府直接进行投资建设是不现实的。在这种情况下,房山区政府必须完成两个任务:一方面要完成物流基地的基本物流功能建设,以使良乡物流园区成为北京市核心物流体系的重要组成部分;另一方面站在区域经济发展的角度,物流基地的建设和运营要考虑投资与收益的平衡,同时还要尽可能地提高物流基地单位面积产出和单位面积税收。

> 物流基地普遍存在三大矛盾:定位与实际运作的矛盾,社会效益与区域经济利益的矛盾,短期利益与长期利益的矛盾。这些矛盾形成的原因是错综复杂的,必须有所突破才能从根本上解决问题,实现各种相关利益群体共赢的局面

为解决房山区政府面临的问题,咨询公司在战略设计中提出突破狭义物流的建设内容,引进广义物流的概念,以实现市政府物流基地建设的既定目标,同时也充分考虑区政府物流基地收支平衡的要求,使物流基地成为房山区新的经济增长点。

广义物流既要实现物流价值链的延伸,把物流的内含扩展到采购端和配送端,同时又强调物流和商流的相互融合。如何站在园区内外生态经济循环发展的角度,解决商流和物流融合问题,是将相互矛盾的利益需求转为共赢局面的关键所在。商流的本质是物品所有权的变更,如果把所有权的变更引入到物流基地中,那么物流基地就不再是狭义的物流概念了。这样物流基地的物流范围将包括物品发生流动的所有活动,既包括所有权变更的商业活动,也包括所有权不变更的狭义物流。概念上的突破,为物流基地的策划和发展提供了广阔的

空间,物流基地总体资金平衡问题也随之基本得到解决。

这种概念的突破得到了区领导和基地经营者的积极支持,但其可行的前提条件是得到规划的认可。良乡物流基地的规划用地是仓储用地,在仓储用地出让环节执行工业用地价格,在这样的土地规划概念体系中,物流概念仍是狭义的。为解决这种规划引发的矛盾,咨询公司同区政府和物流基地管委会的有关领导共同提出了几项措施:

物流基地地处良乡卫星城,是城市经济的重要组成部分,应该成为城市功能的一个重要补充,增加部分商贸功能是城市发展的需要;

基地内以公铁联运为主要特色的铁路集装箱转运中心,在规划中已从良乡物流基地调整到北京市六环路外的窦店,铁路货物的很多中转加工环节可以在窦店火车站附近直接完成,实际上减少了对良乡物流基地纯仓储加工用地的需求,为商贸用地腾出了空间;

在基地增加部分商贸用地的规划调整,可为市政府减少 6 亿元的投资负担,既能完成市政府建设物流基地的目标,又能带动地方经济的发展,取得规划支持是有可能的。

投资者与政府矛盾如何解决

规划还拟在基地内建设商贸区,为解决物流基地建设资金的平衡和未来区域经济的发展提供了可能。但大量商业开发的实践证明,在良乡卫星城建设大型商业项目风险是存在的。

为此,咨询公司提出商贸区项目法人的招商模式应通过土地招标方式来完成。这一方面符合土地政策改革的要求,另一方面通过竞争可优化商贸区的建设和运营方案。

为使招商成功,需制定对开发商有吸引力的条件和防范风险的措施:对影响地区商流和人气的纯商业开发项目,通过土地成本底价出让方式,吸引商业地产开发商积极参与;对地产商的运营理念、设计能力、融资能力、管理能力、经营能力、招商能力等提出严格要求；对涉及区域经济发展、带动人气和商流的商业经营项目，只允许开发商对商铺进行出租，而不允许其对外销售，以保证整个商业项目定位的完整性，并保持商业项目能够不断更新。

考虑到园区的可持续发展能力，房山区政府应站在扶植物流产业经济发展的角度上进行基地建设，争取把基地建设成物流产业在空间上的聚集地。另外，站在区域经济发展的角度，通过对房山区物流条件的综合分析，咨询公司提出将房山区打造成核心物流区（CLA）的未来发展愿景，核心物流区发展的机遇在于物流产业基地建设和北京市内物流设施、批发市场向卫星城转移的规划。通过打造 CLA 概念，利用便捷的交通条件和物流的成本优势，房山区必将成为北京市的商业次中心之一，为房山经济的发展增加原动力。

总结物流基地战略规划的经验，只有打破传统观念和经验的束缚，通过理念创新才能赋予物流基地更强的生命力，以更高的视角去解决深层次的矛盾，才能达到各种利益主体共赢的局面。

（原载于《中国投资》2005 年第 6 期）

　　城市经营的思想越来越受到城市管理者的重视,在城市经营过程中是否能够把握好每个项目的定位,尤其是区域经济中战略性项目的定位,是城市经营中的关键问题。被列为北京 2003 年 60 项重点建设工程之一的奥运项目——北京国际汽车博览中心工程近期全面启动,该项目总占地面积 57.68 公顷,建筑面积约 52 万平方米,总投资约 40 亿元人民币。对于博览中心这样一个大型的战略性项目来说,高水平定位、规范化运作是项目成功的必要条件,丰台区政府经过认真研究,决定聘请有经验的咨询公司,按照规范化的思路运作项目。

北京国际汽车博览中心的定位思考

北京国际汽车博览中心暨汽车博物馆工程项目是北京市重点建设工程,是北京市政府配合 2008 年奥运会而建设的人文奥运项目。由于北京市丰台区错过了借亚运会发展区域经济的机遇,又与奥运会大规模场馆建设的机会失之交臂,因此丰台区政府把博览中心项目视为带动区经济发展的战略项目。

　　博览中心建设办公室和北京大岳咨询公司联合组成项目组,分三个阶段开展定位工作——以市场调研和经济测算为主的战略选择阶段;以推动潜在投资人介入为主的优化项目功能定位阶段;以博览中心规划和汽车博物馆建筑设计招投标为主的定位形象化、具体化阶段,构成了项目战略定位工作一个相对完整的过程。

战略选择和项目设置

项目组通过广泛的市场调研,结合区旅游、商业、文化现状,确定把博览中心项目建设成为像北京市东城区王府井、西城区西单商业街、朝阳区 CBD、海淀区中关村一样的城市新地标和区域品牌,推动地方经济的发展和社会、文化、建设等各项事业全面提速。围绕这样的建设目标,项目组进行充分的创意和广泛的筛选,确定了博览中心的三个战略目标:

汽车产业中强有力的传播媒介。通过对汽车市场的广泛研究,项目组认为汽车文化和品牌竞争将随着生产能力竞争和销售渠道竞争之后逐渐展开。在汽车博物馆中,除汽车历史、未来项目之外,设置了动手动脑、儿童交通教育娱乐等有别于其他汽车博物馆的项目,使其成为独树一帜的综合类汽车博物馆和传播汽车文化的中心。同时在汽车博物馆的概念基础上进行了延伸,设立了以展示企业个性文化和品牌特质为主要内容的品牌展示馆。

北京市十大旅游景点之一。项目组认为汽车科技旅游将成为未来旅游市场上的亮点,提出博览中心要营造人、车、环境和谐统一的氛围,并成功地策划了一条重要的景观大道——时空走廊,把汽车博物馆、品牌展示馆、销售馆以及其他配套项目有机地连接起来。博览中心将与其南侧的世界公园一起提升区旅游竞争力,建成后博览中心将成为市 10 大旅游景点之一。

符合性是指符合规划条件和项目建设的总体目标;创新性要求博览中心的建设在国内绝无仅有;可操作性要求项目的定位要从概念落实到功能,与市场接轨;经济性要求其定位要满足建设筹集资金的需要,满足汽车博物馆和博览中心长期运营资金的需要

汽车产业信息中心。北京市内与汽车相关的综合类项目很多,但如何才能建成特色项目,是项目组关注的核心问题。围绕汽车文化的核心,结合中关村科技园丰台园区的特点,进行项目的配套和概念的延伸,项目组设置了新车发布平台、汽车产业上下游企业入驻的汽车大厦以及汽车

产业会议的接待酒店、会议中心等。事实表明，很多汽车企业得知要建立汽车大厦的消息，都积极支持和鼓励项目组一定要把汽车大厦建好，为汽车产业集中办公、开会、交流提供最佳平台。

项目组围绕上述三个战略目标，就项目的符合性、创新性、可操作性和经济性等四个方面进行检查和测算。在博览中心定位过程中，围绕博览中心的建设目标进行项目的创意和策划，在创意和策划的基础上进行项目的组合，并通过测算和符合性检查，筛选、确定项目组合。所谓符合性是指符合规划条件和项目建设的总体目标；创新性要求博览中心的建设在国内绝无仅有，在世界范围内有创新；可操作性要求项目的定位要脱离纯概念的设计，从概念落实到功能，从功能落实到具体项目，使得项目的操作性强，与市场接轨；经济性要求整个博览中心的定位要满足博物馆建设筹集资金的需要，满足汽车博物馆和博览中心长期运营资金的需要。

优化项目的功能定位

在项目初步组合的基础上，项目组开展了与潜在客户进行深入接触、推动潜在客户介入的工作，从而优化项目的功能定位，提高可操作性。

广泛走访汽车经销商。围绕销售馆的设置，有以美国为代表的 3S/4S 店集群概念，有近期欧洲要实施的汽车商场的概念，有中国最流行的汽车市场的概念等。通过与汽车销售商和汽车产业政策研究部门的广泛接触和了解，项目组初步选定 3S/4S 店集群模式。同时就店面选址、区内道路设置以及店面规模等问题与经销商进行了深入细致的交流，并在此过程中引起了经销商的兴趣并推动其介入。

推动行业龙头组织参与。中国汽车工程学会是汽车界的龙头组织，肩负着汽车科普、教育、研究职能。中国汽车工程学会介入汽车博物馆的建设，使博物馆的研究工作取得了很大进展，并对馆内设置及与品牌馆的关系进行了深入讨论，中国汽车技术研究中心也提出很多建设性意见，两者的参与有力推动了汽车大厦和产业信息中心定位的确立。

邀请国际汽车企业参与项目评标。由于北京类似的项目很多,在项目初期汽车博物馆和博览中心项目并没有引起国际汽车企业的重视,当时通过各种渠道与国际汽车企业的交流收效甚微。但通过邀请大众公司、福特公司要员担任博览中心规划和博物馆建筑设计国际招投标的评委以来,该项工作有了实质性进展。国际汽车企业对汽车博物馆的关注程度明显提高,对博览中心在北京以及全国汽车产业地位有新的认识,提出了很多宝贵意见,有利于优化项目的功能定位,同时推动了项目运作的高起点和国际化水平。

项目定位具体化、形象化

按照项目的建设目标要求,为更好地体现项目的定位,把项目运作成国际领先的汽车博览中心和汽车博物馆,项目组通过国际招投标的方式,选择了中国、美国、德国、加拿大、日本 5 国各具特色的设计单位参加博览中心规划和汽车博物馆建筑设计投标,并于 2003 年 7 月 4 日产生了三套入围方案。在推动项目定位具体化、形象化的过程中,项目组主要把握四个环节:

在招投标前期,对设计任务书的制定进行改革,使得投标人的规划和设计充分反映总体定位的要求。项目组对设计任务书进行了充分研究,提出设计任务书既要充分反映项目组在定位阶段的研究成果,又要充分发挥设计师的才能、经验和创造性。项目组打破设计任务书完全由工程技术人员制定的常规,由负责项目定位的人员起草,由工程技术人员进行修订,保证了博物馆在设计阶段就与市场接轨。

在方案评审阶段,系统设置评委比例,确保方案的主题特征。作为一个规划方案和建筑方案的招投标,通常情况下评委是由规划和设计方面的专家组成。项目组在此领域进行了重要改革,邀请了三位汽车方面和一位博物馆建设方面的专家担任评标委员,使得专家评委的代表性很强。

广泛征求社会各界的意见。专家评审结束后,项目组在北京国际会议中心举行了为期一周的公开展示,参观和投票者踊跃;同时开展了为期两周的网上公开展示,听取网民的意见;还专门听取了投资人、汽车界人士的意见。

进一步深化和调整博物馆的设计方案和博览中心的规划方案。在深入理解设计师形象语言的基础上,进一步调整定位,完善方案,实现感性和理性在更高层面上的统一,把博览中心和博物馆打造成精品,这是项目组下一步要做的工作。

博览中心项目是按照城市经营的思路进行运作的,根据项目组的经验,总结了定位工作中的五项原则:

一是在项目定位之前必须制定清晰明确的战略目标;

二是要有市场营销观念,从最终用户和市场的角度考虑项目的定位与功能设置,即在设计阶段就要考虑未来项目的销售和运营问题;

三是超越概念阶段,把规划和设计与定位实施工作有机地联系起来;

四是打破常规,勇于创新;

五是找准对项目发展有重要影响的关键单位和个人,推动其尽早介入,有利于项目的进一步实施。

(原载于《中国投资》2003 年第 8 期)

第六章

城市发展中的相关问题

城市开发投融资中的合同管理

在城市开发建设过程中,有一种形式普遍为二、三线城市政府所接受,那就是政府与投资人进行土地一级开发合作。基本形式是由投资人出资完成土地的熟化,投资人从获取的土地增值收益中取得一部分作为投资盈利,政府用土地增值收益中的另一部分完成其它配套设施的建设,从而加快城市化的进程,这有利于解决城市化进程中的一系列资金问题。然而,这样的合作模式会否引发新的问题,又该如何解决?

城市开发市场化投融资易引发的问题

一个城市的开发建设,需要巨额资金的投入,对很多城市而言,仅仅依靠城市政府的财政资金、政府债券以及有限的银行贷款,往往很难满足城市开发过程中几年时间内多个重大项目相继启动的资金需要,通过市场化手段吸引社会投资人的介入成为部分城市解决城建资金难题的普遍趋势。然而,在城市开发建设的市场化投融资实践中,资金压力虽在一定时期内得到了缓解,却相继引发了一系列新的问题,主要包括:

一是政府与投资人的角色定位不明确、责权不清,导致合作不畅。在许多城市开发建设的市场化融资项目中,城市政府往往因资金压力、政绩考核等多方面原因更加关注融资额度,在与投资人的沟通合作中也常常将工作重心放在融资建设的"量"上,却对融资后的建设成果疏于管控,融资建设的"质"无法保障;而参与城市开发建设的投资人,在对融资项目投资建设的过程中往往也作为责任主体负责项目的建设管理,社会投资人通常以追求盈利和保障资金周转为投资目标,在完成城市功能项目建设和实现社会效益方面则不可能完全替代政府履行职责。这样一来,城市功能性建设项目不合标准甚至该建未建的现象便屡屡发生,融资问题解决了,但建设需要并没有满足。

在出现类似问题时,由于合作伊始并没有对政府与投资人双方的责任范围进行清晰的界定,双方的协调变得无"据"可依。即使城市政府能够通过其强势地位,推动部分问题的解决,政府的市场信誉也会受到严重影响,对后续的市场化运作极为不利。

二是对投资项目的可行性缺乏系统的分析,造成市场化运作难以持续。在进行市场化融资的过程中,很多城市政府急于填补当前的资金缺口,却没有顾及项目的可持续性和财务可行性。当前的资金问题解决了,常常是城市政府提前使用了未来的城市资源并预支了政府信用,为城市未来的经营管理留下沉重的债务负担和更大的资金缺口,为城市的建设发展留下无穷隐患。

实践表明,在市场化投融资操作过程中,划清责任主体的职责边界、进行科学的财务可行性分析并建立有效的目标管理和风险管理机制,是保障投融资各相关群体权益的必要环节,而合同管理正是涵盖这些环节的一项重要措施

三是项目的风险管理和目标管理不明确,政府与投资人的合作难以如约执行。很多城市在通过市场化手段进行融资时,政府与投资人双方都没有充分理解和分析未来的合作目标及合作风险,缺少风险防范和目标管理的保障机制。类似政府换届、投资条件和投资环境发生变化等不可避免的情况一旦发生,政府与投资人的合作便会受到影响,双方产生严重分歧甚至导致违约、中止。

当上述问题发生时,不仅作为开发建设主体的城市政府与社会投资人的正当权益无法得到保障,城市居民及企业住户等其他利益群体的权益也会受到侵害。实践表明,在市场投融资操作过程中,划清责任主体的职责边界,进行科学的财务可行性分析并建立有效的目标管理和风险管理机制,是保障投融资各相关群体权益的必要环节,而合同管理正是涵盖这些环节的一项重要措施。

合同管理对解决市场化投融资问题至关重要

合同管理是市场化融资进行城市开发建设这一整体项目管理中的一项重要内容,主要分为三个阶段:

第一阶段,合同的起草。在起草之初,须梳理清楚合作双方在城市开发建设系统中的角色定位,明确双方的职责边界,确定合作方式及合作期限,并进行系统的财务分析。

财务分析的过程,是将政府及投资人的可用资源盘整清楚并与市场进行有效对接的过程,也是通过财务可行性研究验证项目是否可持续的过程。如果对项目的财务分析显示项目可行,则可起草合同文件;如果动态的财务分析表明项目不可持续,则需与政府进一步协调,获得政府更多支持措施,使项目的实施能够为政府管理与市场运作同时接受,再行起草合同文件。

第二阶段,合同的谈判与签署。在合同框架起草完毕后,即是双方就合同条款的谈判。谈判的第一步是双方就共同的框架进行交流,例如投资成本如何弥补以及收入如何分配等,框架条款达成一致,后续的谈判工作就会比较顺利。谈判的第二步是关键条款的协商,例如建立应对风险的保障机制和目标管理的沟通机制等。在完成第三步合同细节及法律符合性校验后,即可签署合同。

第三阶段,合同执行阶段的管理。合同的执行阶段是整个合同管理过程中最为重要的阶段,关乎合同管理的成败,进而影响投融资活动的成败。

合同的执行过程中,由于政府换届、政策变化等导致的违约行为是城市开发建设市场化融资过程中的常见问题,而开发建设进度的把握也常常涉及政府与投资人双方的交叉责任,尽管合同中对风险、损失的处理及解决原则有明确约定,但合作双方却往往从各自角度出发,纠缠于分歧与矛盾的处理,并不能妥善解决操作中的实际问题,更难以推动开发建设的进展。

在处理合作中的分歧与开发建设的问题时,一个关键环节是项目的目标管理。在许多城市的投融资项目实践中,目标管理是很容易被忽视的环节,在项目管理中处于缺位状态。事实上,只有注重目标管理,使合作双方能够围绕共同目标去理解合同及合作过程中出现的问题,才能在问题出现时,使政府与投资人之间的应变与沟通更为顺畅,从而尽快统一意见,解决问题,并有力推动下一步的开发建设。

（原载于《中国建设报》2008 年 8 月 28 日）

服务外包大有讲究

服务外包带来新机遇

随着经济全球化和区域经济集团化的演进,跨国公司开始了新一轮产业结构调整,全球资本流向朝服务贸易倾斜。作为一种全新的商务模式和服务产业转移的重要表现方式,服务领域的外包现象成为全球经济活动转移的推动力。而服务外包的本质,是企业以价值链管理为基础,将其非核心业务通过合同方式发包、分包或转包给本企业之外的服务提供者,以提高生产要素和资源配置效率的跨国生产组织模式。服务外包主要包括:信息技术外包(ITO)、业务流程外包(BPO)和知识流程外包(KPO)。

为加速和推动我国服务外包行业的发展,商务部推广实施了服务外包的"千百十工程",即:"十一五"期间,在全国建设 10 个具有一定国际竞争力的服务外包基地城市,推动 100 家世界著名跨国公司将其一定规模的服务外包业务转移到中国,培育 1000 家取得国际资质的大中型服务外包企业。目前,我国的大连、西安、成都、上海、深圳、天津、北京、南京、杭州、武汉和济南等十余个城市已被确定为"中国服务外包基地城市"。如同当年温州模式下"以商带工"的制造业外包,服务外包将是一个给许多城市带来发展机遇的新兴领域。

对服务外包认识的误区

在我国,服务外包产业尚处于初期发展阶段,各地政府对服务外包产业存在着较多的认识误区。目前,对城市政府而言,关键是要确立对这个产业在战略和思想上的正确认识。

误区一:将发展服务外包视同招商引资

有的城市政府用制造业的招商引资方式推动服务外包产业的发展,并把吸引外资的数额作为标准,衡量外包服务的效益。而事实上,服务外包起步时很难像制造业那样,服务外包本身并不会带来很大的投资额,很难从一开始就形成高额的 GDP 增长,也不会很快给当地带来可观的税收收入,服务外包的意义在于带动城市的产业发展向高附加值的高端技术产业转化。

误区二:要求服务外包"全面发展"

一些发展服务外包产业的城市,习惯于像关注制造业外包一样关注服务外包企业的业务承接数量、发展规模及涉足领域等问题。但事实上,服务外包行业更强调知识含量和国际经验,以往大而全或小而全的企业模式在服务外包行业中并不适用,只有具备专业性的基础和不断提升的服务质量,才能在这一领域中长久生存。

误区三:认为服务外包适合每个城市

与制造业的必备条件不同,制造业比较关注一个城市的基础设施,而服务外包的发包商更关注知识产权的保护和信息安全;制造业关注物流运输,而服务外包关注生活、教育环境和宜居情况。因此,服务外包基地城市的建设较制造业外包有着更多的要求,需要从专业化的角度出发,聚焦本地需求、国内需求和语言需求,结合城市自身的优势和特点,发展外包产业。而不同的城市,也要利用差异化竞争优势,培养区域特性,避免采取趋同方式相互竞争。

为服务外包发展做好铺垫

一是做好市场规范工作。发展服务外包产业的城市政府需要首先明确市场规范及行业标准,使发包商和服务承接商的利益能够在本地得到保障,这是发展这一产业的基本前提。

二是推动人才培训制度的形成。服务外包有阶段性的发展过程表明,需要通过培训,培养更高层次的、更资深的管理人才和咨询人才,在软实力方面提高一个层次,才能更好地与国际业务融合。

> 作为一种全新的商务模式和服务产业转移的重要表现方式,服务领域的外包现象成为全球经济活动转移的推动力

三是促进龙头企业的形成。城市政府应制定规划布局引导政策,设法形成产业集聚效应,打造产业典范和企业龙头,并以此带动城市服务外包产业的发展。

四是因地制宜规划,引导发展。发展服务外包产业,需要有各自独特的关注点,关注本地业务及本地包括跨国公司在内的大型企业。在我国,许多城市具有坚实的制造业基础,接近本地市场和生产是吸引跨国公司将设计研发向中国离岸转移的有利因素,这样的城市开发服务外包,可以与制造业的发展实现很好的衔接。因此,不同城市可根据自身比较优势,确定重点发展领域、重点承接国家及地区,以错位发展策略打造城市服务外包的品牌。与此同时,国内企业在服务外包领域形成的巨大内需,也构成了众多城市发展服务外包产业的突出优势。

(原载于《中国建设报》2008 年 7 月 31 日)

灾后重建"发展"为要

近日,随着四川汶川大地震救灾工作的推进,灾后重建被提上日程。国务院也在最短的时间内出台了《汶川地震灾后恢复重建条例》,条例的出台为灾后重建工作指明了方向。但是,我们也注意到,对灾后重建还有很多认识上的误区,有些专家学者明确提出开发商是否应该获利的问题,有些言论则排斥某些群体的介入。

大岳咨询公司总监李伟认为,灾后重建不只是要给灾区人民一个遮风避雨的居所,它是要通过科学长远的规划,解决好短时间内的救急和一个地区长期发展的关系,要建立灾后重建的长效机制。

李伟表示,灾后重建要有理性思维,条例中把灾后重建分成过渡性安置和恢复性重建两部分。对于过渡性安置,主要是救急;而恢复性重建,则要统筹考虑一个地区的生产和生活的恢复以及地区的长期发展问题。因此,恢复性重建不是简单地理解为恢复到震前的生产和生活水平,地方政府应该顺应国家发展战略的调整和灾后重建的机遇,统筹城乡发展,建设资源节约型和环境友好型社会。

显然,灾后重建工作需要科学合理的制度和管理体系,这不仅是自然系统和人工系统得到恢复的过程,而且要为当地经济社会可持续发展打好基础,李伟说。

规划要着眼于"发展"

近日,国家发改委相关负责人也表示,地震灾害给灾区人民造成了巨大损失,但灾后重建也为灾区实现科学发展提供了机遇。他还表示,要使灾后重建规划符合科学发展观的要求,经得起历史的检验。

李伟认为,重建应当有长、短期的不同目标,当前国家组织重建工作的目标是救急,如建设一些过渡性安置房;但是,规划则不同,规划主要应该考虑长期的发展目标,一个好的规划不可忽视灾区未来的可持续性发展,规划要把发展作为着眼点。

参与都江堰规划的台湾大学建筑与城乡研究所华昌琳也提出,重新规划面临一个突出问题就是要兼顾重建时间和长远规划目标。这两方面的博弈将成为规划成功与否的关键要素。

> 灾后重建不只是要给灾区人民一个遮风避雨的居所,它是要通过科学长远的规划,解决好短时间内的救急和一个地区长期发展的关系,要建立灾后重建的长效机制

如果回顾唐山大地震的灾后重建就可以看出,由于没有处理好这个关系,留下了一些遗憾。当时为了解决居民的住房问题,唐山震后恢复建设的建筑样式雷同,而且,受当时的认识能力和科技水平所限,灾后选择了原地重建,有些地区没有完全避开地震断裂带。

事实上,近期有关方面也注意到了这个问题,国家住房城乡建设部副部长齐骥指出,关于过渡性安置房的建设和规划后的永久建筑之间的关系,确实是一个很不容易处理的矛盾。原则上"尽可能用坡地、荒地、废地和厂房,尽量少用农田",如果迫不得已占用了一些农田,将要求用最简单的工程措施,以便于日后更容易恢复耕种。

目前,住房城乡建设部和有关部门牵头编制灾后恢复重建的城镇体系规划,农村建设规划,城镇住房建设规划,包括受灾地区的城市、县城和建制镇布局及恢复建设规模,严重受灾地区需要搬迁的县城、镇的选址和建设规模等,并对国家历史文化名城遭受破坏的情况进行评估、研究,提出解决方案。

然而,除了住房建设规划以外,交通等基础设施的重建可能是中长期规划的重点之一。汶川地震受灾地区的经济基础相对薄弱,地理条件比较恶劣,而地震及其引发的次生灾害,又使灾区交通基础设施损毁十分严重,损失巨大,造成 21 条高速公路、15 条国省干线公路、2756 条农村公路受损,受损里程 2.2 万公里,损失 580 亿元。李伟强调,基础设施重建规划应该是最关键的。

损毁的公路中很多是连接城市和乡村的公路,农村地区的发展离不开便捷的公路,因此大地震后所暴露出来的城乡基础设施差距问题,应该在重建中得到解决。"四川震灾所暴露出来的问题,可以看出城乡的差距,之前乡村受到的关注少,今后的规划中就要注意考虑乡村与城市融合,形成灾后特色。成都作为全国城乡统筹试验区,灾后重建是个较好的进行城乡统筹建设的契机",李伟告诉记者。

"政府承担的基础设施建设和房屋的建设,应当一次性深入到乡村里,解决长期发展模式。当地山多,村落分散,交通作为统筹规划的重点应当引起足够的注意",李伟说。

总之,在四川灾后重建中,应当避免缺憾。李伟表示,依托科学系统的城市规划方法,唐山当年恢复重建中的遗憾,在今天应尽量避免。

产业恢复也要着眼于"发展"

灾后重建是一个政府主导的过程,因此也就很容易带出一道难题,即:如何提高当地经济恢复自我造血功能?

事实上,此次灾后重建的规划目前更倾向于"空间规划",但是整个重建过程,还需要一个纵向的规划,包括总体规划、控制性规划和投融资规划。不仅局限于空间规划,更要涉及到教育等公共设施的规划、商业布局规划、产业发展规划等多层次的规划,让各种力量迅速恢复,使灾区逐渐恢复生机并发展成为朝气蓬勃的城市。

由于灾区不少产业被毁,而此前这都是当地的经济支柱,同时也是有竞争力的资源,因此重建工作首先是尽快恢复原来的产业。

然而,当前面临的一个问题是,由于毁损严重,一些企业很有可能搬离原来的厂址,如果是一家龙头企业,则很有可能带走整个产业链,从而令当地产业成为空心,严重影响到当地的经济。

5月24日,在绵竹市汉旺镇已有42年历史的央企东方汽轮机厂离开了这里,在德阳复产。在此之前,德阳市政府已为东汽特批2000亩土地,作为其新建厂房用地。

一个产值高达100亿元大企业的离去,还意味着汉旺镇与其产业链紧密相关的100多家企业很有可能随之离去。对于汉旺镇的经济来说,那无异于又一场"地震"。

因此,对于灾区的重建而言,规划不仅仅是一个空间布局的问题,还要涉及到如何吸引投资、恢复地区经济活力的重要议题。

根据最新公开的消息,四川工业重建时间表已初定。从四川省招商引资局获悉灾区重建招商方向之一是产业恢复并实现升级。

四川省招商引资局一位负责人向媒体透露,目前灾区各市州正抓紧制订招商引资方案。四川省招商引资局目前已通过至少两个渠道,吸引外地企业到四川投资,其一是四川设在各地的办事处,其二是商会。

虽然,关于灾区重建中的产业格局还没有具体规划,但专家们较一致的意见是借此机会实现产业升级,并强化可持续发展。落实到具体的产业上,一些高能耗、高污染的产业很可能被淘汰,而一些技术含量高又能发挥当地优势的产业则会得到支持。

撬动民间资本促进地区"发展"

据初步统计,此次地震已造成各类损失数千亿元,仅道路损坏一项就超过560亿元。灾后进行基础设施重建将面临庞大的资金缺口,因此,确立政府主导、多元投入、灵活开放的灾后重建基础设施的投融资策略,显得至关重要。

大岳咨询公司高级经理徐志刚认为,"仅靠中央拨款是不够的,授之以鱼不如授之以渔。中央的拨款只能作为核心,并使其发挥财务杠杆的放大作用。而不是简单地靠拨款一个项目、一个项目地做"。

抗震救灾投资应以政府为主,但是灾后恢复重建的资金筹集应该形成一种长效机制,既有政府投资也应该吸收民间资本进入,投资的领域应该既有基础设施领域的投资也包括产业投资。

当前人们最为关注的是资金是否都用于人民,使他们恢复生活,这是对的。但是还应该考虑有多少钱用于恢复生产,恢复当地的经济活力,是否还可以有更多的投入使之撬动更大的投资。如高速铁路的修建就可以拉动周边的发展,吸引更多的资本投入。

因此,"无论是政府拨款还是捐款的分配都应有利于长远的发展,同时要通过科学的投融资规划合理安排投资建设顺序,实现基础设施的带动作用和产业间的联动,并拓展多种融资渠道,稳步地推进灾区的恢复重建,包括经济重建",他表示,"在这个过程中制订一个科学的投融资规划至关重要。"

事实上,从日本和台湾地区灾后重建的经验看来,可以引入更多的民营机构、社会资本和海外资金投入到灾区基础设施的重建中。

有专家指出,可以根据不同的建设阶段采取不同的融资建设模式,对不同的基础设施采用不同的融资建设方法。要鼓励针对大地震等灾后重建项目进行金融产品设计和融资创新,解决重建的资金筹集问题。比如在重建初期,可以以政府资金和社会捐助资金为主,把与灾区人民生活和生产急切相关的基础设施项目放在首位,进行优先建设。同时,可以由地方政府根据规划的资源和资产状况,搭建融资平台进行后续贷款建设和融资;也可以通过国内外参建企业、国际组织和机构的援助和贷款进行建设。各级政府可以根据当地具体的基础设施项目的性质、回报方式等,研究和采用适合社会资金和民营资本进入的方式,包括通过采取 BT①、BOT②、PPP③等融资方式引进投资,也可以通过委托成片开发、合资合作等方式,多渠道灵活融资。

从国家政策层面看,《汶川地震灾后恢复重建条例》也鼓励地方政府吸引民间资金进入基础设施领域和公共服务设施领域。条例规定,县级以上人民政府应当通过政府投入、对口支援、社会募集、市场运作等多种方式筹集地震灾后恢复重建资金。

同时,国家对地震灾后恢复重建还建立了地震灾后恢复重建基金并对恢复重建实行税收优惠。地震灾区的房屋贷款、公共服务设施恢复重建贷款、工业和服务业恢复生产经营贷款以及农业恢复生产贷款等还将享受到国家提供的财政贴息。

通过循环经济夯实"发展"根基

李伟指出,"当前城市规划区过于集中,考虑到当地乡镇分散的状况,是否可以尝试打破目前城市规划的现状,真正把城乡统筹规划结合好,把城市、乡镇、乡村有机地整合起来,使城乡之间相互依赖、相互支持、相互补充,以实现城乡统筹发展和一、二、三产业协调发展。"

徐志刚表示,过去的城市规划对可获资源与支撑体系的思考比较少,没有把资源很好地进行分配,但是任何行之有效的规划,都要事先考虑确定规划的基础是否具备,还要着力培育起能够实现相应规划的产业和政策环境。

> 无论是政府拨款还是捐款的分配都应有利于长远的发展,同时要通过科学的投融资规划合理安排投资建设顺序,实现基础设施的带动作用和产业间的联动,并拓展多种融资渠道,稳步地推进灾区的恢复重建,包括经济重建

唐山地震后，根据其原有的基础和条件，定位以重工业为主；四川的地域特性是这里的特殊自然生态环境，因此发展循环经济、生态经济可能更为适宜。

《汶川地震灾后恢复重建条例》第三条明确规定，灾后恢复重建，应当遵循经济社会发展与生态环境资源保护相结合的原则。

国家发改委相关负责人接受采访时表示，灾后重建应当在充分考虑资源环境承载能力的基础上，合理安排人口规模和经济社会发展。"制定灾后重建规划，要充分考虑当地地质条件和资源环境承载能力，合理确定未来人口规模和产业结构，合理确定城镇布局、工农业生产布局和建设标准，在资源环境可承载的范围之内合理安排各类开发建设活动"。

那么如何进行生态的规划呢？有专家表示，四川可以借鉴 1995 年阪神大地震经验，神户当地政府当时提出一个"战略性的环境总体评估"。这一评估和地质勘探一起启动，并在整个重建过程中始终贯彻。例如，日本都是路让河，而不是河让路，不会为了修路而去改河道；那些不宜盖楼的地方，就空出来种树或者建花园；海边的建筑一般都会留出出风口，以让海风可以吹进城里，使城市里不会太闷热，此外海边还会建设富有自然气息的公共休闲场地。

"总体的原则应该是，打通交通瓶颈，以循环经济、产业链的设计，引入加工企业，从公共资源的配置来撬动市场资源，为地区发展夯实基础"，李伟表示。

理顺管理机制破解"发展"障碍

国家汶川地震灾后重建规划组已经成立，国家发展改革委为规划组组长单位，副组长单位是四川省人民政府、住房和城乡建设部，国务院 30 多个部门和有关方面为成员单位。

该重建规划组近日的第一次全体会议研究讨论了《国家汶川地震灾后重建规划工作方案》，明确了灾后重建规划编制工作的主要任务、责任主体和进度要求。

此外，政府部门在灾后恢复重建工作中的具体分工已经在条例中公布，地震灾区的省级人民政府负责组织实施地震灾后恢复重建工作；发展改革部门负责恢复重建的统筹规划、政策建议、投资计划、组织协调和重大建设项目的安排；财政部门会同有关部门负责提出资金安排和政策建议，并具体负责灾后恢复重建财政资金的拨付和管理；中国人民银行和银行、证券、保险监督管理机构按照职责分工，具体负责地震灾后恢复重建金融支持和服务政策的制定与落实；交通、电力、通信、教科文卫体、广播影视、人力资源社会保障、商务、工商等部门则负责具体组织实施基础设施和公共服务设施的灾后恢复重建、卫生防疫和医疗救治、就业服务和社会保障、重要生活必需品供应以及维护市场秩序。

对此，大岳咨询公司认为，除了重建规划组外，还应该有一个重建委员会，重建委员会的设立要能够通盘考虑重建工作，综合协调各部门，要与救急的重建领导机构分开或在其上，要在资金管理安排和使用以及项目的建设上发挥作用，并要坚定地贯彻执行经过批准的重建规划。这种类似于建设指挥部但是又高于建设指挥部的机构既是临时的——为灾后恢复重建而设，又是长期的——根据灾后恢复重建进度可能持续 10 年左右。同时它又不是一个单纯的建设指挥部，因为除了负责统筹安排基础设施和公共服务设施的建设之外，它还要负责统筹规划和组织灾区的经济恢复和建设工作。

（原载于《中国投资》2008 年第 7 期）

注：①BT 即 Build-Transfer(建设－移交)的简称，即项目建成后立即移交，可按项目的收购价格分期付款。

②BOT 是 Build-Operate-Transfer(建设－经营－移交)的简称。它是利用私人资金来承建某些基础设施项目的一种模式或结构，基础设施的建设传统上是由公营部门承办的。在一个 BOT 项目中，私营公司被授予特许权来建设和运营通常是由政府经营的设施，该私营公司还负责项目的筹资和设计，在特许期结束时，该私营公司将把项目所有权交回给政府。特许期的长短主要取决于需要多长时间该工程建成后的运营收入足以还清开发商的债务，而且使其付出的辛劳和承受的风险得到一定比例的回报。

③PPP 是"Public-Private-Partnerships"的简写,即"公私伙伴关系"或"公私合营",是指公共部门通过与私人部门建立伙伴关系来建设和经营项目或提供服务。PPP 实质是一种制度安排,即公共部门和私人实体共同行使权力,共同投入资源,共同承担责任与风险,共同分享利益,从而共同完成生产和提供公共产品与服务的方式。

灾后重建重在共赢

如何确保援助与被援助的关系长久持续，是摆在双方面前的一道考题。

近日，北京援建什邡以来最大的一个援建项目——广青公路全面开工，这是贯穿四川省什邡市南北的主干线，被称为"什邡生命线"。据了解，2008 年北京援建什邡的工程主要以交通、住房等基础设施建设和公共设施建设为主，对于受灾地区而言，这些是亟待启动的建设项目也是现阶段援建的重点。

像北京市与什邡市这样的对口支援地区涉及到全国 19 个省市。灾后重建是一个长期工程，而援助的内容也不仅仅是基础设施及公共设施建设，还会覆盖产业恢复、设备供应及人才培训等不同范围，究竟该如何让这种援助关系更有效地发挥对灾区重建的作用，又如何确保这种援助关系的长久持续，这是摆在两地政府面前的一道考题。

大岳咨询公司总监李伟指出，"援建过程要倡导互惠，现在有一种不好的倾向和提法，认为援建企业不应该赚灾区人民的钱。必须把援建的公益行为与市场行为加以区别,否则援建城市和企业都没有积极性,最终会影响一个地区的重建和发展"。李伟认为,"灾后重建要着眼于灾区的长远发展,首先必须规范化,这意味着应该创建一种科学的机制,激发提供援助的城市政府与企业的内在积极性;同时,处理好物资'硬输出'与规则'软输出'的关系,从物资补充与制度建设两方面推动灾区的重建和长远发展。"

援建要规范

谈到灾后重建的规范化,大岳咨询公司高级经理马延博表示,"灾后重建要立足于发展,那么就要注重规范。目前国家出了一个灾后重建条例,其初衷就是要在援建程序、财务管理等各环节实现规范化;条例中同时提到市场化,市场化更需注重规范,否则不仅援建单位受损,受援单位更会蒙受巨大损失"。

> 灾后重建要着眼于灾区的长远发展,首先必须规范化,这意味着应该创建一种科学的机制

据国家发改委提供的信息,地震灾后恢复重建对口支援的内容和方式有以下几个方面。一是提供规划编制、建筑设计、专家咨询、工程建设和监理等服务。二是建设和修复城乡居民住房。三是建设和修复学校、医院、广播电视、文化体育、社会福利等公共服务设施。四是建设和修复城乡道路、供(排)水、供气、污水和垃圾处理等基础设施。五是建设和修复农业、农村等基础设施。六是提供机械设备、器材工具、建筑材料等支持,选派师资和医务人员、人才培训、异地入学入托、劳务输入输出、农业科技等服务。七是按市场化运作方式,鼓励企业投资建厂、兴建商贸流通等市场服务设施,参与经营性基础设施建设。八是对口支援双方协商的其他内容。

"这些援建内容中,双方需要分清公益行为与市场行为,否则援建只能满足基本保障,立足点低,难以达到 20 年的发展目标",大岳咨询公司高级经理徐志刚说。

要分清援助的公益性与市场性,就要从规范政府间的帮扶与企业间的帮扶入手。马延博告诉记者,对政府而言,除了完成政治任务之外,还要发挥政府主

导市场化运作的作用;而企业本身是追求盈利的,如果没有收益,长期的援助行为会缺乏积极性,更难以为继。

当然,在诸多应急事项面前只能以政府为主导,使企业在行政指令下实施援助,来不及兼顾企业的收益。但是,在应急过后,以行政方式要求企业实施援助是不规范也必将导致更多问题的,双方的政府应当与企业算好帐,划清在援建过程中政府与企业的责权边界,即:分清哪些必须是公益行为,哪些可以市场化运作;哪些需要政府承担,哪些可以企业参与。同时,营造鼓励企业实施援助、为企业创造赢利空间的政策环境,并纳入规范化的操作。唐山当年主要由国有企业和国家拨款重建,四川地区目前有很多民营企业,怎样启动市场化重建机制并确保社会效益的实现,是此次灾后重建的重点课题之一。

在政府决策层面,国家发改委有关负责人日前表示,灾后恢复重建对口支援将统一政策,统筹安排,即:统一研究制定对口支援的优惠政策,同时对中央财政建立的灾后重建基金、对口支援资金、社会捐助资金以及受灾地区自筹资金统筹安排,合理使用,严格管理,精打细算,努力提高资金使用效益。支、受援双方要按照中央统一部署,设立机构,协调配合,抓好各项措施落实。国家发改委将对支、受援双方提出的有关共性问题认真研究,统筹协调。

如何将这些原则贯彻到具体实施中,又如何激发企业的援助积极性,形成一套行之有效的灾后重建投融资规划,是政府部门需要重点考虑的问题。李伟说,一方面,政府的援助政策为企业的援助行为提供指导和监督,既要推动援建行为的市场化,又要促进援助行为的规范化;另一方面,企业的援助内容为政府决策提供重要依据,各地政府可以根据本地和对口援助地区的资源优势有方向地制定鼓励和监督政策。

援建要共赢

谈到援建的基本目标时,马延博表示:"长期的援建不应该是单方面的供给与输出,而应该是以共赢为目的的。对口帮扶,我们常理上认为应当是发达区域帮助欠发达区域,但在此次长期的灾后重建中应该实现互利共赢,例如:通过资源的优势互补,寻求产业链的衔接,从而实现经济效益的相互促进。"

产业恢复,是灾后重建中最需要解决的问题之一,也是此次灾后援建过程中实现互利共赢机会最多的一个环节。

对援助方而言,在援建中获得产业链的延伸,是落实帮扶与实现自身发展两项作为的兼得。事实上,北京市政府已经决定援建什邡市10平方公里的开发区,这是产业上的支持和对接。是增加什邡造血功能很重要的一个方面。据悉,北京轻工制造业企业可能需要在西部建立中转中心和产业基地,北京市政府可以建议企业在选点时优先考虑什邡。

长期的援建不应该是单方面的供给与输出,而应该是以共赢为目的

从受援方角度讲,受灾地区也希望通过产业支持,重新奠定自我可持续发展的基础。事实上,在北京市和什邡市的对口关系中,作为受援方的什邡市更为关心的也是双方的互补。"我们希望北京支援什么?产业!希望北京在汽车及其零部件、精细石化、光电产品、电子信息化及信息化终端产品生产等方面给我们一些支持,这些是北京的优势产业",近日,什邡市常务副市长李卓对媒体表示。他们在密切关注着各个产业的动态,考虑着如何实现互利和共赢。李卓介绍,目前考虑有三大产业可以进行合作:汽车和石化的下游产业以及轻工制造业。德阳市政府不久前与北汽集团达成协议,把20万辆皮卡车总装放在德阳,什邡市相关负责人已表示什邡市具备皮卡车的配套生产和机械加工的条件,希望将配套的生产环节放在什邡完成。此外,化工产业是什邡市的"强项",在人才和技术方面都有资源,与燕山石化等企业有着良好的合作基础,当地政府希望能在化工产业与北京形成产业链的衔接。

据李伟介绍,在拓展对口援建关系过程中,可以借鉴北京市当前正在进行的一对一区县合作的经验。

近日,北京市选择发展较快的城区郊县开展互助合作,将郊县所拥有的资源、成本、环境等方面的优势与城区的市场、资本、技术、人才、管理和品牌等优势结合，采取项目对接、产业链延伸等多种模式进行协作，鼓励双方企业通过租赁、连锁经营、股份合作、托管经营等方式，实现项目对接和产业链延伸。

这种合作并不局限于产业链方面的合作，而是一种全方位的合作，较发达一方并不简单地作为输出方，而是在合作中也有所获益。大岳咨询公司正在为其作 5 年的发展规划。李伟介绍，"在规划中，体现出这种思想，双方不会有负担，都具有积极的态度。在灾区的对口支援中，可以放远眼光，制定对口支援的长期规划，比如 10 年规划，就像谈恋爱一样，双方都要有时间来考虑如何优势互补，如何愉悦对方。"

马延博认为，这种规划作为特殊的专项规划，同时又是一个跨区域合作的规划，其制定时间应当比专项规划长，比"十一五"规划短，大致要磨合一段时间，这个过程是要让双方相互了解，识别合作的切入点，这样才是最经济的，最合理的，也最有操作性。

"不仅是经济效益方面，从社会效益上讲，援建方也不单纯是输出方，这种医疗、教育以及生态保护等各方面的合作，一方面是社会责任的履行，另一方面是一种经验的积累。欠发达地区甚至贫困地区，也会有援助方可借鉴和可寻求发展的机会。例如，通过援建模式的探索，可让北京等援建城市获得城乡统筹发展的宝贵经验；此外，双方还可以在劳动力资源方面寻求合作，弥补北京市等援建城市的劳动力缺口"。马延博说。双方的承接管理可以有很多模式，一个项目可以让北京的公司来承包，也有可能当地有这样的公司，可以双方合作承包。

援建要重视软输出

近日，世界银行行长佐利克在华盛顿表示，世界银行准备以中国政府认为有益灾后恢复重建的任何方式提供支持。他还强调指出，世界银行将发挥其重建方面的丰富专业知识经验。

亚洲开发银行中国代表处也在汶川地震后立即成立了一个专门小组，研究对中国灾区的援建,同时一直与财政部进行沟通。目前,亚洲开发银行已经向财政部提供了一份报告,对汶川地区的震后重建提出政策建议,现在这份报告正在财政部进行讨论。

世界银行和亚洲开发银行的优势在于其参与处理过世界上多个发展中国家发生重大自然灾害后的家园重建,有着丰富的经验。而灾后重建方面的专业知识和经验,正是中国国内无论是政府部门还是研究机构所缺乏的,需要通过外部借鉴进行弥补。同样,中国有很多机构和企业拥有丰富的建设和管理经验,可以借鉴到受灾地区,帮助提高重建效率。

谈起援建的形式,徐志刚表示:"在援建的过程中,规则、制度等'软输出'可能更为重要,这是灾区发展的新契机。"

他表示,"在援建中,可以借鉴世界银行、亚洲开发银行等援助机构所做项目的模式。资金的输出在此次灾后援建中可能不是最主要的,更值得注重的是规则与技术的输出。北京市有很多现代化的投资方式和建设管理模式,无论是政府还是企业,都很熟悉这些规则,完全可以成套地拿过去提供参考,这样实施效果会很好。另外,四川本身就是改革示范区,现在可以借重建时期建设项目较多的机会把先进的技术、管理理念和制度带进去,通过'软'援助的方式指导灾区的科学重建,助推受灾地区在重建过程中建立更高的运营和管理起点,同时也能进一步检验和发展这些现有的规划与制度。"

软输出的一个重要环节是规划。"我们确定了什邡灾后重建的总体规划由北京方面来做,并由北京组织一个高水平的技术专家队伍,按照总体规划,再来制定过渡办法,北京做的是个永久性工作",什邡市相关负责人介绍。

显然,援助方可以通过援建将先进的观念落实到灾区的项目中。北京市发改委主任张工表示,此次北京把节能环保最新、最实用的技术拿过来支持什邡,是北京将可持续发展理念注入灾后重建的第一步。据悉,今后北京还将有一批高科技企业和节能环保企业进入什邡,将在污水净化、雨水收集、地源热泵等方面发挥作用。

(原载于《中国投资》2008 年第 8 期)

试验区建设需要总体统筹

最近几年,国家批准了四个综合配套改革试验区,每个配套试验区的试验方向和重点都不同。笔者最近走访了几个试验区的相关部门,深感试验区工作的繁重,也深切体会到,试验区试验的成功,需要一个总体统筹机构的支持。

现有建设管理体系不能满足试验区的需求

就社会经济建设问题而言,政府已有一套成熟的行政体系,包括规划、城市建设、产业发展、各种管理办法、管理流程等。这套体系还不能完全满足试验区建设和发展的要求,需要围绕试验主题进行综合配套改革。现有的经济社会建设体系需要正常运转下去,而综合配套改革试验是一个渐进的改革过程,需要经历一个完整的周期,才能形成与综合改革配套试验目的相适应的建设管理体系。这样,事实上形成了试验和现有建设管理两套体系并存的局面,因此,现实的挑战是,必须协调好配套改革试验和经济社会发展的关系,实现配套改革试验成果与现实社会实践的平稳对接。

就配套改革试验而言,需要解决好以下三个问题:

一是配套改革试验必须快出成果,及时指导改革的实践。配套改革试验只有不断形成一些阶段性的试验成果,才能及时指导和应用于配套区的实践,加快改革步伐,降低改革成本。这就需要我们有一个机构,它能够不断整合国内外一些先进的理论和实践成果,在其他地区试验研究的基础上,进行总体设计,嫁接到试验体系中来,从而缩短我们的试验时间,快出成果,出好成果。

二是配套改革试验需要提高试验的可靠性。试验的可靠性在工程技术领域是个关键问题,总体设计是必要条件。同样,在配套试验这样的开放复杂巨系统的实践中,总体设计不可或缺。总体设计的引入可以提高试验的成功率,降低试验成本,增强试验的适应性,改善局限性。这样,可以有效避免我国在改革开放过程中对经济社会发展模式的盲目引进和盲目推广。

三是解决好配套改革试验中的现实问题。现在,各改革配套区已经围绕试验内容成立了自己的先行试验区(或先导区等),每个先行试验区的规模都很大。围绕先行试验区也进行了总体规划、控制性详细规划、经济(产业)发展规划、总体建设方案的编制等工作。这些工作都是在配套改革总体目标指导下进行的,是各个编制单位按照自己对总体目标的理解进行编制的,缺少总体性考虑,缺乏系统性。这里就提出一个问题,各部门、各系统按照自己对两型社会理念的理解进行的试验和设计,是否真的能够把试验区建设成为一个理想的试验区,这至少是一个没有答案的问题,也没有谁能够回答得清楚。但是明确的是,至少借鉴总体统筹思想,配套一个执行机构实现总体把握、解决总体缺位的问题,对相关各方面进行整合是现实和必要的。

总体设计部有利于解决试验统筹问题

总体设计部在航空航天领域得到广泛的应用,1978 年钱老(钱学森)在文汇报上进一步提出希望成立社会主义建设总体设计部的思想。1978 年的这篇文章,同时诞生了系统工程的概念。配套改革试验中引入总体设计部,已经具备了条件。

　　总体设计部在开放复杂巨系统理论和实践方面积累了大量的成果。在社会经济系统中建立总体设计部是钱老多年的夙愿,我国几代系统工程工作者为之付出了不懈的努力。在 1990 年,钱老与于景元等老一代系统工程科学家发表了重要文章《一个科学新领域——开放复杂巨系统及其方法论》,这篇文章标志着系统工程的方法论完成了由专业技术领域向社会经济系统领域的过渡。经过近二十年的发展,

> 城市是个开放复杂巨系统,城市发展问题是个开放复杂巨系统的演进问题,它的演进管理控制是个复杂性问题

已经形成了相对比较完善的处理社会经济这一开放复杂巨系统工程问题的思想、理论、技术以及工程成果。本世纪初以来,国家领导人在正式的场合和报告中先后六十多次提出,科学发展观是系统工程,建立和谐社会、全面建设小康社会也是系统工程,希望用系统科学的理论和方法来解决这些问题。我国的系统工程工作者在这些方面做了大量的研究和实践工作,积累了丰富的理论成果和实践经验,培养了大批人才,全国从事这方面研究的专家学者多达万人。应该说总体设计部在社会经济系统中的运用条件已基本成熟。

　　总体设计部在城市发展方面积累了一定的实践经验。城市是个开放复杂巨系统,城市发展问题是个开放复杂巨系统的演进问题,它的演进管理控制是个复杂性问题。城市发展问题站在政府角度涉及到资源的优化利用问题,需要处理好城市发展相关利益主体的利益平衡问题,也涉及到不同城市之间的资源竞争和均衡发展问题。

　　北京大岳公司是专业的政府咨询机构,在运用总体设计部方法解决城市发展统筹方面进行了有益的探索。大岳公司在基础设施投融资、各种城市功能区建设、管理和投融资工作过程中,深感城市规划落实难的关键是投融资方面的滞后和缺乏统筹,在全面总结经验的基础上,提出了投融资规划方法,在城市规划和建设之间搭建了一座桥梁,填补了投融资环节的空白,有效解决了规划实施难的问题,为城市的科学发展提供了有实践支持的分析方法和决策支持工

具。这种方法得到系统工程界的认同,并在北京、廊坊、韶关、淮南、淮北、黄山等地成功地运用,有效解决了客户的实际问题。这种方法综合考虑城市发展过程中各种利益之间的均衡和资源的优化利用,同时兼顾不同城市之间的竞争与合作。同时,大岳在实践过程中,还培养了一支熟悉财务、法律和公共管理,理解政府工作流程,具备整合能力的专业团队。

(原载于《中国建设报》2008 年 9 月 18 日)

将"宜居"概念进行到底

中国正处于快速城市化的进程中,大量住宅建设随着城市新区的开发而集中实施。在这个过程中,各种概念的炒作,成为近年来城市发展、特别是房地产开发的惯用手法。一时间,"地段""风情""环境""健康",各式各样的概念"乱花渐欲迷人眼",但是随着城市开发的推进和地产项目的落地完工,此前眩目的概念却往往"来如春梦几多时,去似朝云无觅处"了。这其中的根源莫过于只注重概念的包装和炒作,而忽略了本身实实在在的品质、性能的塑造。

在举国上下倡导科学发展观和"以人为本"的时代背景下,去年以来,城市土地开发的政策环境也发生了相当显著的变化:

2007 年 8 月,新修订的《城市房地产管理法》直指开发商"捂地"现象,强调满两年不动工将被政府无偿收回土地使用权;10 月,国土资源部关于进一步加强土地供应调控的文件,将每宗土地的开发建设时间限定在 3 年以内,这直接促进了"小地块出让"的趋势;11 月,国土资源部下发《招标拍卖挂牌出让国有建设用地使用权规定》,规定必须付清全部土地出让价款后方可申请办理土地登记,领取土地权证,进一步抬高了土地取得的门槛;同月,国土资源部、财政部和央行联合制定了《土地储备管理办法》，又明确提出土地储备需在完成前期开发后再供应，堵住了"生地"出让的口子，规范了"净地出让"的要求。

以上这些政策的出台无疑对城市新区土地开发产生深远的影响，它们不仅是对房地产开发商的约束，更对推动城市化进程的各级地方政府有着重要意义。就此，中国投资记者采访了北京大岳咨询公司负责城市经营开发业务总监李伟。

换一个角色

李伟认为，国家这一系列政策出台，背后隐含了一个重要的导向，就是要求政府既要重视在土地的前期开发实施过程中强化其主导作用，又要统筹考虑消费者、各类城市公共项目的投资人、房地产开发商等多方的利益，站在公共利益和市场要求的双重角度思考问题。并且，在城市开发的实施过程中，政府应当摒弃许多纯概念炒做的成分，将城市经营工作落到实处。

几年之前，在城市开发中，一种"大盘模式"比较流行——政府将大片未经前期开发的土地低价出让给实力比较强的房地产开发商，由开发商在开发楼盘的同时，配建各类基础设施和公共服务设施。这种模式在一定时期内和某些项目上发挥了较为积极的作用，突破了政府在城市开发过程中资金不足的瓶颈。然而，随之也产生了不少问题，如医院、学校、体育设施等各类公共服务设施，它们在前期作为"概念"内容被打造和宣传，发挥了促进开发的积极作用，但是开发商撤出后，出现了产权、后续管理和可持续发展等很多问题，有的设施甚至在开发过程中根本没有配建；另一方面，由于前期大规模生地出让，政府所获得的土地出让收入非常低，影响了地方政府在后续城市运营管理的财政投入。

"近期的政策调控几乎关闭了这种'大盘模式'运作的大门，但同时，就要强化政府在土地前期开发中的统筹和管理"，李伟说，"作为城市开发的实际主导者，地方政府要站在城市可持续发展的角度，在城市开发进程中真正肩负起其所应当承担的责任。'概念'并非不能使用，不能宣传，但关键是要把能够使消费者受惠的'概念'落实到底"。

目前,大岳咨询公司为安徽省淮北市濉溪县东一地块首期开发区域的开发项目提供咨询服务,其中就引入了"宜居社区"的概念。

主管该项目的项目经理陈民告诉记者,东一地块位于淮北市与濉溪县城之间,在行政区划上隶属濉溪县。首期开发区域占地约 2700 亩,规划的用地性质以居住功能为主,这正好与上面提到的房地产"大盘"规模相仿;就居住配套功能而言,各类功能设施对于区域内居住用地的影响都在步行可承受范围之内,因而首期开发区域内部土地价值差别不大,任何设施的开发建设都将对区域整体产生影响。

"由此,我们可以将首期开发区域视为一个整体开发单元,一个由政府而非大盘开发商主导的大型'居住社区'",陈民说,"而'宜居社区'这个概念的引入为这个新城区的开发制定了提升社区品质和区域价值的目标。我们协助政府实施新区开发,关注点不在于过度追求新奇的概念,而是力求将一些比较好的和成熟的概念落到实处。"

那么,为什么要选择"宜居社区"这个概念呢?陈民谈到,此次引入的"宜居社区"概念脱胎于"宜居城市",具体而言,"宜居"的基本内涵主要包括政治稳定、经济富裕、社会安定、生活便捷、景观舒适、邻里和谐等六个方面。随着人们对"宜居"观念越来越重视,城市建设和发展的实践逐渐趋向于摒弃快速工业化、城市化所产生的诸多"物质主义"弊病,树立科学发展观和以人为本的原则,强调人与自然和谐共存、生产与生活协调发展,多层面的关注、提升居民的居住生活质量。"宜居"已成为城市和地区竞争力、吸引力的重要评判标准。

同时,记者了解到,东一地块的地理位置更靠近濉溪县城、而非淮北市中心区,目前整个区域城市化水平较低,基础配套设施不全。因此,潜在开发商和消费者在考虑地块价值、区域发展前景时,显然容易直观地将该地块划归濉溪县城而非淮北市区,而直观印象中前者的发展现状和潜力显然不及后者。从淮北市基准地价分级区域来看,也可明显看到这一点,东一块所在区域与淮北市区的级别上存在一定差距。此外，首期开发区域内现状主要是农田或村居，未来实际建设水平的不确定性，使投资人和消费者对东一地块进行价值预期时，会考虑较大的风险因素。

面对上述问题，如果换一种思维，将开发目标最重要的关注点放在居住功能的完善化，着眼于其"宜居性"的构建，打造高品质居住环境，为消费者提供与淮北市区相媲美甚至更加舒适的居住环境，将有效提升东一地块的功能定位，改变区位板块观念形成的认知差距，从而提升东一地块的价值。这就是选择"宜居社区"作为核心开发概念的缘表。

> 政府既要重视在土地的前期开发实施过程中强化其主导作用，又要统筹考虑消费者、各类城市公共项目的投资人、房地产开发商等多方的利益，站在公共利益和市场要求的双重角度思考问题。并且，在城市开发的实施过程中，政府应当摒弃许多纯概念炒做的成分，将城市经营工作落到实处

李伟说，政府应当敢于树立这样的"概念""理念"，以更高标准的开发目标，以超出淮北市现有土地开发普遍水平的眼界和魄力，通盘考虑各种公共资源的配备，推动新区开发建设。但"宜居社区"的理念绝不能空、不能虚，它蕴含着系统的建设管理要求，必须落实到底，这虽意味着政府在资金、管理等方面的投入更多，但也将收获更多经济效益与社会效益。这就是政府在新区开发的角色转换。

于细微处见品质

下面的关键问题就是如何将"宜居社区"的概念进行到底，落实到新区开发具体的建设管理实践当中。

"这是我们在开发策划中尤为强调的问题"，陈民说，"首先，应当明确东一地块的设施建设、土地开发环节中的哪些目标诉求符合'宜居社区'内涵。我们认为，交通便捷安全、市政和环境卫生条件良好、公共服务完备、城市景观环境宜人以及小区内部宜居是其中最重要的，而每项目标又都涵盖了若干'宜居'特

征。比如城市景观环境宜人,这个目标的特征至少包括了:区域内绿地面积充足,植被种植设置合理;绿化景观采取开敞式设计,亲近感强,风格多元;规划各公园功能直接面向社区居民,成为理想的休闲游憩场所;广场充分体现'可歇性'原则和以人为本的公共性;城市户外广告对人的视觉、心理感受适宜。"

关键问题是,上面这些目标和特征,只能由新区开发建设和未来城市运营管理等环节的一系列具体措施及要求予以保障。

"要在细微处见品质!'宜居社区'的根本价值不是为了宣传炒作与项目包装,而是为了更好地满足消费者的需求。届时,东一地块开发区不仅仅是卖住所,也是卖环境,卖文化,卖一种科学和谐的生活方式,并以此带动整个区域的发展和价值的提升",李伟说。

实际上,为了更加全面而有针对性地总结出落实"宜居社区"概念的建设管理要求,大岳咨询公司做了大量相关研究和细致入微的调研。例如交通问题,淮北市区以及周边城镇的有些地方交通标识不清晰,道边辅助设施不完善,大岳咨询公司在项目规划建议书中就强调了区域内城市照明系统统一设计、确保亮度、兼顾美观与节能,交通信号灯、交通标识标线等设置清晰、醒目,道边护栏等辅助设施的设计、建设力求美观实用等建设要求;针对目前淮北市存在公交软硬件服务水平普遍不高的现象,大岳咨询公司就提出东一地块开发区要根据首期开发区域入住人口实际情况,适度超前配建公共交通,根据地块开发实际进度合理设置线路,提高车况及公交服务等城市公共服务管理方面的要求;对于景观环境的打造,大岳咨询公司则提出了规划的三个公园的设计要点,对老濉河景观带采取整体设计、统一建设,广场建设集中的立体开放式绿地、提高绿视率,具备供市民休憩的可坐设施、并设计实用性建筑小品等建设管理要求。

"这些建设管理要求就是政府主导城市开发的控制点,政府提出了核心开发理念,就要以实际行动落实它。当然,不仅在政府直接负责的前期开发和后期城市运营管理范畴内,对于开发商的房地产二级开发行为的规范,政府同样责无旁贷。对此,大岳公司还针对'小区内部宜居'的目标,设定了关于软硬件配套设施和物业管理等多方面建设管理要求",陈民说,"我们不仅为转变了角色的政府设计开发理念,更为其在掌控城市开发的全过程中提供系统的建设管理要求,以便于政府在细微处打造城市品质。"

概念的生命在于实施

李伟说:"系统的建设管理是全面落实'宜居社区'概念的前提,但概念的价值最终还是应当体现在开发建设和城市管理的实践中,这才是找到了概念的'根'! 潍溪城投作为县政府授权的东一地块的开发主体,关键是要统一各方思想。"

切实贯彻一个核心开发理念,必然需要政府从各级领导、各个职能部门到具体的实施者,围绕一个核心目标通力协作。大岳公司就建议潍溪城投,将建设"宜居社区"的有关咨询建议整合上报给县政府,由县政府以一定形式将其固化,上升到战略发展高度,用以统一各方思想,指导本项目开发管理实践,这样做也有利于树立市场对东一地块开发前景的信心,有助于城投在土地经营中的对外推介和宣传。

政府方面统一了思想,直接推动的是土地前期开发的质量和效率,但对于在房地产开发过程中落实"宜居社区",还需要引进高品质的开发商。

陈民告诉记者:提出"宜居社区"目标虽然是基于把首期开发区域视为整体的社区,但这一目标的实现必然依托于每个具体居住小区"宜居"环境的打造。其内部环境的建设与维护直接取决于二级开发商的水平,所以潍溪城投作为开发主体,还需要做好二级开发商的引入工作。应着重考察开发商的知名度、品牌形象、资金实力以及其是否具备"宜居"的开发理念和经验;应围绕"宜居社区"的开发建设要求,对二级开发商提出指导性开发意见,并明确土地使用权出让条件;应加强对土地二级开发的监管力度,特别是在规划管理环节,相关部门应将是否符合"宜居社区"要求作为对二级开发商提交的修建性详细规划的审查重点。

另外,陈民说,"作为政府代表主导开发的濉溪城投,虽然并不以出让土地的高价格为目标,却也需要考虑政府资金运用的合理效益,需要让市场认识到政府大量工作的意义。"因此,濉溪城投也在提早关注地块开发的宣传问题,借鉴市场化的思路,并制定一套可操作性的传播方案,濉溪城投主导组织和实施,通过努力,切实引导、提高潜在投资人和入住消费者对本区域未来开发建设的良好预期,以实现大量开发工作的真正价值。

最后,李伟强调,站在可持续发展的战略角度,各类设施建成后的后续管理以及城市形成后的运营管理,对于"宜居"环境的维护和提升市场认可度也具有重要作用。他认为,后期的城市管理工作,应该树立"城市整体物业"理念。

"在普遍的城市管理实践中,往往很多公共服务职能(如绿化、环卫、路政、河道等)分属不同政府职能部门或事业单位负责",李伟说,"而鉴于东一地块首期开发区域面积不大,可视为一个相对独立的整体开发单元,为切实提高城市管理、运营水平,可引入'整体物业'理念,采取'政府购买服务'的模式,在政府及相关部门的指导下,设立'城市物业公司',该公司可由濉溪城投担当或引入社会化管理者,公司定位为政府城市管理部门具体服务职能的执行者和具体管理职能的协助监督者,是区域内环境卫生、市容市貌维护的责任主体"。

(原载于《中国投资》2008 年第 3 期)

培育新城"造血"功能

随着城乡一体化进程的加速,北京周边新城的建设日新月异。一栋栋高楼、一片片住宅区,如雨后春笋般迅速挺立。在房价持续升温的刺激下,房地产开发几乎成为许多新城主打产业的首选。然而,居住地产并非是一种可以持续"造血"的产业,在房地产开发进行到一定程度之后,新城的后期发展将面临后继乏力的状况。

对此,长期致力于新城开发规划的大岳咨询公司总监李伟建言:新城开发首先从规划上就要确定适合可持续发展的主导产业,并且通过多方力量打造产业集群,为新城培育良好的"造血"功能。

选择可持续发展产业

"目前,居住地产特别火,房地产价格涨得很快,所以很多新城在规划过程中就更偏重于搞居住地产。的确,在新城的开发期,居住地产的税收相对来说比较高,而且还有土地出让的收入,政府可以得到较多的资金再投入基础投资建设,使得税收能够比较快速地增长。从短期行为角度来说,发展居住地产是很多政府非常愿意干的事情",李伟说。

"但是,我们在研究新城开发过程中有这样一种体会,以居住地产为主导产业的这种发展模式,由于受到土地、生态环境、人口需求等多种因素制约,在未来一定会出现整个经济的不可持续,很多新城做到一定程度之后,整个城市发展后期乏力"。

大岳咨询公司所作的地区经济发展总体分析表明,新城开发之初就要考虑可持续发展的问题,未来城市建成之后,要有维持城市造血功能的主导产业,而不能靠不断拆东墙建西墙来产生税收。

李伟认为,区域主导产业的选择必须考虑以下四个方面的问题:

一是区域经济发展的比较优势。不同区域的基础条件,包括产业现状、技术、资金、人力资本、市场规模与完善程度、供求水平等都有所不同,从而制约区域产业发展的具体方向。只有选择那些能够充分发挥区域比较优势的产业作为主导产业,才有可能使区域经济得到快速、持续、稳定的发展。

二是产业科技含量和技术水平。产业科技含量和技术水平的高低决定着产业发展的前途,直接影响其对区域经济发展的贡献度。主导产业必须尽可能地选择那些产业科技含量大、技术进步速度快、技术要素较为密集的产业或产业部门,使其在技术上始终保持领先水平,以便在区际分工中获得更多的利益。

三是产业链的长短和关联效应的大小。要将主导产业的产业优势辐射到产业关联链上的各个产业中去,带动相关产业群的发展,主导产业的选择必须充分考虑产业链的长短和产业关联度的高低。

四是产业贡献率和增长后劲。主导产业的选择还要认真考虑产业对区域经济发展的贡献率大小和增长的后劲,要特别注意扶持那些尽管目前还比较弱小,但颇具发展潜力的产业。

"总之,一个区域主导产业选择的合理性,直接决定着区域总体经济的竞争能力和生存发展能力。从新城规划之初,就要认真选择适合区域经济可持续发展的主导产业,充分考虑产业发展和房地产发展的一个综合平衡",李伟说。

我们要做一个城市可持续发展的曲线,在前期有一个增长较快的城市房地产开发,在后期要有一个产业的支撑或者说是税收的来源。把产业税收曲线和房地产曲线叠加在一起,就可以形成一条持续成长的比较平滑的曲线。这是推动区域经济增长、增强经济实力的重要动力"。

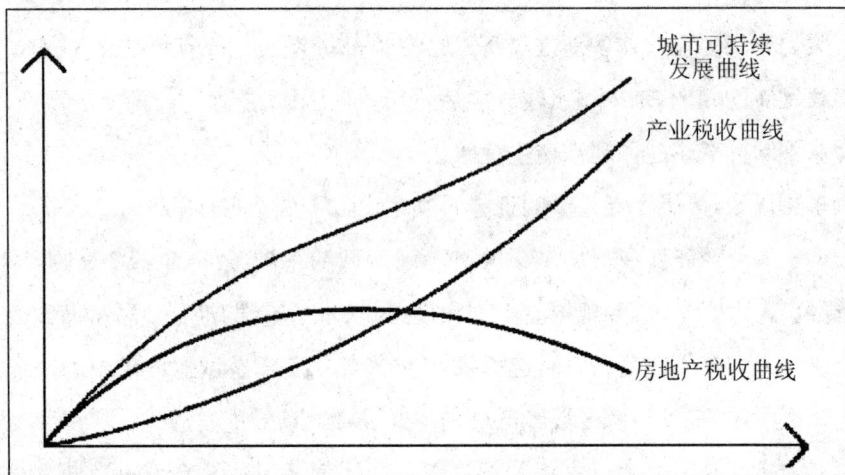

打造优势产业集群

在选择了适合的主导产业之后,培育产业集群是新城将该产业迅速做大做强的最优途径之一。

"产业集群",是指某一产业的上下游企业在一定区域内大量集聚,形成了竞争优势的经济群落。事实上,这在区域经济领域,已经不是一个新鲜的词了。在发达国家,产业集群已十分普遍和成熟,基于产业集群而形成的集群经济早已成为区域经济的重要板块和亮点,是现代产业发展的重要特征。

产业集群之所以能引起人们的高度关注,关键在于它具有较强的持续竞争优势。它有利于促进聚集企业的创新,能够产生创新效应;有利于提高产业的整体竞争能力,加强了集群内企业间的有效合作;有利于形成区域品牌,保持产业集群区位的持续发展。

李伟说，产业集群的形成大致有两类，一类是通过市场自发形成的，另一类是通过政府主导形成的。而要建设一个新城，全盘推进一个地区的产业发展，地方政府应该在适当的时候主导一个地区产业集群的形成和分工。当然，这种主导是要以当地的市场条件为基础的。

"那么，政府如何主导一个地区产业集群的形成呢？首先，要选择适合区域经济发展的可能形成的产业集群；其次，要为产业集群形成准备一些必备的基本条件，这些条件可能是任何一个企业自身都不愿意干的，就需要政府进行公共资源投入，这个我们把它定位为产业集群本身所需要的基础设施"。

他说，政府可以通过规划来先期建设产业基础配套设施，然后来引入企业形成产业集群；或者政府可以适当地给一些补贴或优惠政策，吸引企业来做产业集群所需要的基础设施，从而推动产业集群的发展。

李伟以房山区一个乡镇为例，来说明如何选择主导产业并打造产业集群。该镇委托大岳咨询公司正在进行城镇发展战略的规划。

记者了解到，该镇有一个较强的产业优势，有几家较为知名的高端食品加工型企业，其中包括一家排酸牛肉企业和一家豆制品加工厂。这些企业都是北京的明星企业，其产品主要是用于出口。他们对食品原料、加工环节、仓储运输等各个环节都严格把关，达到了国际水平，属于北京食品加工行业中的高端企业，也得到了北京市政府的扶持。

"在我们看来，食品加工业是适合该地区经济可持续发展的主导产业。因为这几家龙头企业整个生产工艺和生产流程非常现代化，可以应用它的管理模式，带领一些企业发展壮大，形成一个食品加工行业的产业集群。而这些企业所共同需要的基础设施就是冷链物流。我们所要做的，就是通过建设冷链物流来推动这个产业的发展"。

建设产业配套基础设施

近年来，随着生活节奏的不断加快，人们对冷冻冷藏食品的消费越来越多，冷冻冷藏食品每年增产约 10%。随着保鲜技术和产品质量的提高,冷饮、肉制品、速冻食品以及乳制品消费呈逐年上升趋势。而这些食品均属于易腐食品,大都需要冷藏物流。随着冷冻冷藏食品产销量的快速增长,我国的冷链物流业将进入快速增长时期。

建设一个新城,全盘推进一个地区的产业发展,地方政府应该在适当的时候主导一个地区产业集群的形成和分工。当然,这种主导是要以当地的市场条件为基础的

李伟说,所谓冷链物流泛指冷冻冷藏类食品在生产、贮藏运输、销售,到消费前的各个环节中,始终处于规定的低温环境下,以保证食品质量,减少食品损耗的一项系统工程。我们提出发展冷链物流,实际上是食品加工以及食品安全升级非常重要的基础设施,可通过发展冷链物流来推动食品加工产业的整体提升。

"然而,食品冷链物流比一般常温物流系统的要求更高,更复杂,建设投资也要大很多,是一个庞大的系统工程。所以想要有效运作冷藏物流,必须建立一套完整的冷冻物流链,需有构造精良的冷藏运输装备和专业的运输管理机制来保证。这不是单个企业可以完成的,而是政府需要前期投入的产业配套基础设施",李伟强调,"有了良好的产业发展的基础和配套设施,才能吸引更多的企业来共同打造食品加工业的产业集群,形成蓬勃发展的主导产业,进而支撑这个区域经济的可持续发展。"

随着居民收入的不断提升,人们对食品安全的重视程度正在与日俱增。在各类食品安全丑闻不断曝光的同时,各级政府正在致力于保障食品安全,推动食品质量的提高。对于这个小镇而言,三家龙头企业已经在品牌和质量上具有优势,此时,以高端产品瞄准北京市场,进一步做大做强,可谓正逢其时。

但是,由于冷库、冷藏车等冷链物流设施的不完备,使得这些企业开拓北京市场的成本很高,缺乏有效的价格优势。实际上,这些企业自身也在寻求冷链物流系统的完善,甚至打算自己建设冷库。但是,如果分散地进行基础设施建设,一方面资金实力有限,不成规模,不足以完善整个冷链物流系统;另一方面,有可能重复建设,造成资源的浪费。这些企业都希望得到政府的资金支持,然而,从区域经济发展的角度来看,与其单个给予资金支持,不如扶持该产业发展的配套基础设施,即冷链物流系统。

李伟建议说,该政府前期可以通过一些政策推动冷链物流的发展,比如税收优惠、财政补贴等等;也可以采用 BOT^① 形式,通过契约授予私营企业一定期限的特许专营权,许可其融资建设和经营特定的公用基础设施,在特许权期限届满时,该基础设施无偿移交给政府。

总之,要打造以食品加工业为主导产业的经济模式,地区政府就需要强化产业扶持服务,一方面合理规划产业用地,大力发展冷链物流;另一方面加快食品加工专业市场的建设,引入专业培训机构,培养产业人才,从硬件、软件两方面来促进产业环境的提升。这样不仅有助于打造当地食品加工业的产业集群,降低该镇企业成本、增强企业竞争力,而且也有助于北京地区整个食品结构升级,得到更大的社会效益。

(原载于《中国投资》2008 年第 1 期)

注:BOT 是 Build-Operate-Transfer(建设－经营－移交)的简称。它是利用私人资金来承建某些基础设施项目的一种模式或结构,基础设施的建设传统上是由公营部门承办的。在一个 BOT 项目中,私营公司被授予特许权来建设和运营通常是由政府经营的设施,该私营公司还负责项目的筹资和设计,在特许期结束时,该私营公司将把项目所有权交回给政府。特许期的长短主要取决于需要多长时间该工程建成后的运营收入足以还清开发商的债务,而且使其付出的辛劳和承受的风险得到一定比例的回报。

与原来的卫星城相比,新城更多地体现了各区域内完善城市设施功能、形成社会经济发展的自循环体系以及建立健全政府管理职能的发展要求。

从卫星城到新城有多远

近日,北京市规划委首次公布了《北京十一个新城规划(2005—2020)》,对通州、房山、亦庄等11个新城的基础设施、交通、医疗、教育等各方面做出全新规划。

《规划》表示,新城作为未来的发展重点,是提升首都核心竞争力的重要地区。同时也对这11个新城的各项建设活动和管理行为提出了统一的要求和规定:要坚持以人为本,建设宜居城市的典范;坚持可持续发展,建设资源节约型和生态保护型城市;尊重城市历史和城市文化,保护城市历史文化资源;建立高效、便捷的城市支撑体系,切实保障城市安全。

事实上,北京市政府已于2004年出台的《北京市总体规划(2004—2020)》中明确了"两轴—两带—多中心"城市空间结构,提出在原有卫星城的基础上进一步建设通州、顺义、亦庄等11座新城的构想。此次《规划》的出台,为协调推进新城的发展与建设进一步指明了方向。

为了进一步解析新城建设的实际情况与具体途径,记者采访了曾参与北京市某新城开发建设实施战略的大岳咨询公司总监李伟。他认为:"新城建设的核心是尽快从卫星城建设转变到新城建设的思路上来,前者是以母城为核心进行功能配套,而后者需要建立独立的内循环系统。这是一个庞杂的过程,需要创新城建思路。"

转变功能定位

从卫星城到新城的定位转变,是北京市政府审时度势的战略决策,体现了对于新城能够进一步起到分流北京城市中心城区人口、疏解中心城区产业和交通压力、引导郊区城市化发展的功能诉求。

某新城相关负责人告诉《中国投资》:"《规划》的出台无疑应当成为新城整体发展和完善城市功能的重要契机:一方面,新城发展必然改变以往卫星城对中心地区过度依赖的思维惯性,强调区域内完善城市设施功能,形成经济社会发展的自循环体系以及健全政府管理职能;另一方面,新城的发展对于区内城乡统筹协调发展的带动作用不言而喻。"

卫星城的设想最初是由英国霍华德在 1898 年提出的,他当时的设想思路是在大城市郊区建立一些花园城市。1915 年,美国的泰勒提出了卫星城镇的概念,其目的是分散中心城市(母城)的人口和工业。而《规划》中的新城则首先强调是一个"城"的概念,从规划的角度来看,从卫星城到新城的转变是因为新城对于城市功能发展的诉求相对更加综合,在一定程度上能实现不过分依赖北京中心城区而寻求相对独立的发展路径,居住、产业相对均衡,同时也能够适度缓解北京中心城区与外围周边组团之间的交通压力,具备吸聚一定规模人口、产业的潜力,能够切实起到服务北京发展的作用。

> 城市定位由卫星城向新城的转变,新城政府需要有意识地对本区域内城市综合承载力进行相对独立的研究,在此基础上调整新城发展战略,优化产业结构,完善基础设施,实现区域内的可持续发展

由此可见,与原来的卫星城相比,新城不仅能进一步起到分流北京中心城区人口、疏散中心城区产业和交通压力、引导郊区城市化发展的作用,而且更多

地体现了各区域内完善城市设施功能、形成社会经济发展的自循环体系以及建立健全政府管理职能的发展要求。

那么这样的转变对新城政府意味着什么呢？某新城建设领导小组的负责人告诉记者，这种转变在于给新城政府更大的责任和权利，新城政府不仅要寻求在城市层面解决城市管理中的问题，不能单纯地等、靠、要，同时还要处理好城市建设、农村发展和城市化问题，要在新城的发展过程中解决好三农问题，避免出现新的城乡二元结构。

政府观念先行

新城定位的转变是规划部门提出并经上级政府批准的，对于新城政府来说，如何适应这种定位的转变来调整政府的职能呢？

按照 1991 年《北京城市总体规划（1991 年至 2010 年）》，到 2010 年以前各卫星城的人口规模一般在 10 万至 25 万人左右，2004 年《北京城市总体规划（2004 年至 2020 年）》调整为通州、顺义、亦庄新城规划人口规模为 70 万－90 万人，同时预留达百万人口规模的发展空间；大兴、昌平、房山新城规划人口规模约 60 万人；其它新城规划人口规模在 15 万－35 万人之间。李伟告诉记者，这种变化不仅仅是数量上的变化，更是城市建设管理理念的根本转变。

新城的发展规模、定位与要求等都发生了新的变化，进而对新城的发展建设及城市管理带来新的机遇与挑战。事实上，新城功能不完善、基础设施和公共服务设施不配套、城市管理滞后等问题普遍存在。

李伟认为，要解决这些问题，一方面要积极争取北京市政府各方面的支持，另一方面应当依据新城定位的变化，实现必要的观念转变，切实调整思路，这应该成为新城政府进一步提高执政能力、构建创新型政府、促进新城建设、实现整个新城地区经济社会可持续发展的重要举措。

李伟告诉《中国投资》，在以往卫星城的工作思路下，北京大部分新城政府的职能既存在功能缺失，也存在与中心城区管理职能交叉的问题。基于城市定位的转变,新城政府各相关部门应调整工作思路,进一步完善职能,强化队伍建设,在组织上接受市政府领导、职能上与之充分衔接的同时,也应建立起与新城发展建设相匹配的组织架构和管理机制,以推进从卫星城到新城定位的转变。

他认为:"在转变和完善政府管理职能的同时,新城政府还需要有意识地对本区域内城市综合承载力进行相对独立的研究。"

所谓城市综合承载力,主要是指一个城市的资源禀赋、生态环境、基础设施和公共服务对城市人口及经济社会活动的承载能力,不同的产业结构对一个城市的综合承载力具有重要的影响。随着城市定位由卫星城向新城的转变,新城政府不应再单纯依靠市政府对城市综合承载力做统筹盘整,而是需要有意识地对本区域内城市综合承载力进行相对独立的研究,在此基础上调整新城发展战略,优化产业结构,完善基础设施,实现区域内的可持续发展。

创新城建思路

在北京某区的街头,记者毫不意外地看到了很多等待拉客的"黑摩的"和"黑出租车",随机询问一个"黑出租":"生意好吗?""还不错,冬天生意好一些,谁愿意在冷风里等半个小时公交车啊"。

一个准备搭乘摩的的乘客告诉记者,公交线路不方便、天气不好或者赶时间时就会选择摩的或者黑车。"又不报销,能便宜一点"。

其实,"黑车"问题屡禁不止,并非治理监管不用心,而是没有解决其核心问题——极大的市场需求。早期卫星城的规划布局,区级的交通路线主要是以配合城区交通的要求来设置,而不是围绕区域本身的商业、住宅等繁华地区而建立,因而给当地居民出行带来了很大不便。只有优化客运网络,建立区内循环的公交系统,保障路线的通畅率和完整性,才是治理"黑车"现象的根本之策。

交通问题,只是卫星城向新城转变过程中诸多问题的冰山一角。实际上,落实新城功能定位,关键在于创新城市建设工作。

房山区在城市建设管理方面的一些做法引起了专业人士的关注,房山区相关领导表示："虽然房山区未被纳入 3 个重点发展新城之列，但其中仍然蕴涵有很大的发展机遇，这突出体现在房山新城自求发展的束缚更少，空间更大。"实际上，房山区已在全区范围内，通过规划先行，启动各方面建设，建设过程中坚持建管并举，城乡并重，始终把握以人为本的发展思想。

李伟告诉《中国投资》，房山区在推动新城建设发展方面有一些好的做法：

一是发挥各类规划的服务作用。站在"城市"的角度通盘考虑区域内规划体系的建立与整合，保障规划的合理性、权威性和可实施性，发挥规划的指导功能，强化对经济建设的服务作用。例如借助土地利用规划调整的契机，继续加大对重点工程的规划协调力度，积极配合几大工业区的产业

> 新城发展建设应注意把握时空合理有序，坚持"全市统筹、区域协调"，合理安排建设时序和建设重点，根据产业、用地、人口发展情况，明确优先开发顺序，实现滚动建设、渐进发展

布局调整，为新城的发展创造条件等。

二是城市建设和管理工作实现"建管并举、统筹经营"。善于用发展的眼光解决新城建设与管理中的突出矛盾，他们认为，单纯的管理是解决不了城市管理问题的，必须加强政府对公共产品和服务的增加来解决城市管理中存在的矛盾和问题。通过合理的投融资规划，统筹安排建设时序，探索基础设施、公共服务设施配套落后的问题，建立城市建设管理的长效机制，提升城市的经营管理水平。合理安排建设项目的时序和建设重点，根据产业、用地、人口发展情况，明确优先开发顺序，实现滚动建设、渐进发展，防止出现分散投资、分散建设和土地集约利用程度偏低的现象，通过建立良性循环的土地开发利用模式，促进区域内产业和房地产有序发展。

三是新城建设兼顾城镇和乡村的协调发展，坚持以人为本，打造宜居城市。区域工作重心从以城市为主向城乡并重转移，促进城乡一体化的和谐发展。结合社会主义新农村的建设，促进基础设施和公共服务设施等向农村延伸和覆盖，逐步改善农村生产生活环境，加快推进小城镇建设。并充分挖掘房山自然、

历史文化等方面的特色和优势,围绕"山水文化名城"打造城市文化名片,逐步完善房山作为完整城市的配套功能,以人为本,建设宜居城市。

四是坚持城市建设与环境保护并重。资源环境条件仍然是新城发展面临的共同约束条件之一,在预先考虑产业、人口、用地及设施规模不断增长和进一步集聚的基础上,对资源环境可能带来的新问题及新的生态压力,有针对性地采取节约利用资源等措施,缓解和排除限制性因素对新城发展的制约,避免产生新的资源压力及环境问题,促进新城可持续发展。

重视城市经营

据了解,北京"十一五"时期新城发展的指导思想为:以落实科学发展观和构建首都和谐社会为目标,以国务院批复和城市总体规划为依据,落实"新北京,新奥运"战略构想,紧紧抓住承办奥运会和后奥运的有利时机,积极探索管理体制改革和制度创新,发挥公共投资的先导作用和市场配置的基础性作用,促进重点新城的高标准实施启动,为实现新城全面、协调、可持续发展奠定坚实基础。

应该说,北京周边新城的发展将迎来一个极好的契机。如何在奥运的助力之下迅速提高城市的核心竞争力、实现可持续发展?李伟认为,城市经营是当前城市化发展中亟待突破和解决的重大问题。

此次,《规划》明确提出,新城发展建设应注重把握时空合理有序,坚持"全市统筹、区域协调",合理安排建设时序和建设重点,根据产业、用地、人口发展情况,明确优先开发顺序,实现滚动建设、渐进发展,防止出现分散投资、分散建设和土地集约利用程度偏低的现象。

规划所强调的,正是当前许多新城建设中容易被忽视的问题。由于建设时序不合理、资金统筹不到位、土地开发不充分等多种问题,城市经营成为某些区政府的一大难题。

李伟认为,落实好《规划》,统筹是关键,包括资金的统筹、开发思路的统筹、城乡发展的统筹、开发建设时序的统筹等。做好这些统筹,一是制定好新城开发的实施战略,编制土地储备开发及供应计划,运用建设用地预审手段把好用地闸门,盘活土地资本,实现土地资源的可持续发展和土地收益最大化;二是对重点产业和企业进行专项战略性研究,做大做强对新城财政贡献较大的产业,实现新城建设的财政可持续发展。

(原载于《中国投资》2007 年第 12 期)